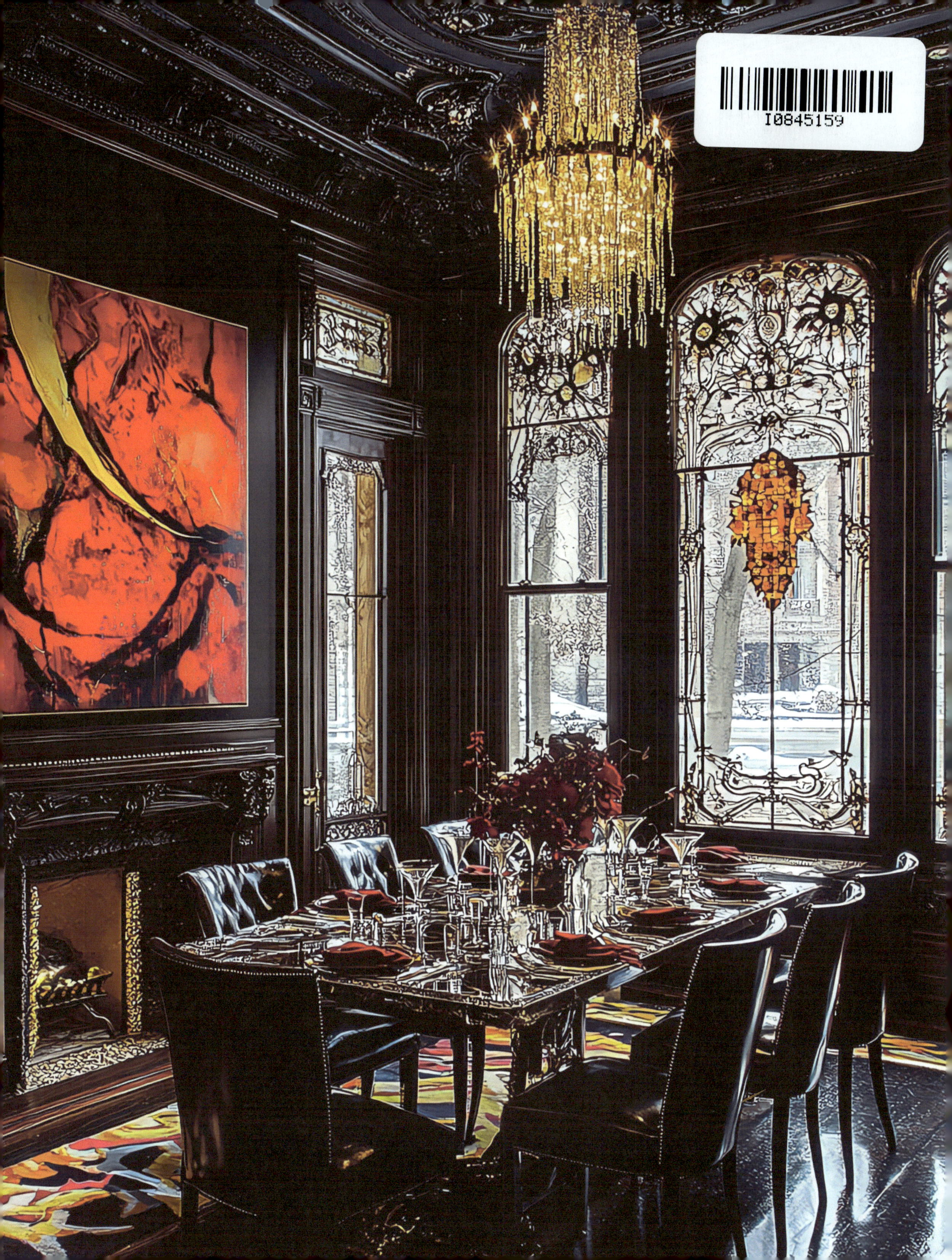
I0845159

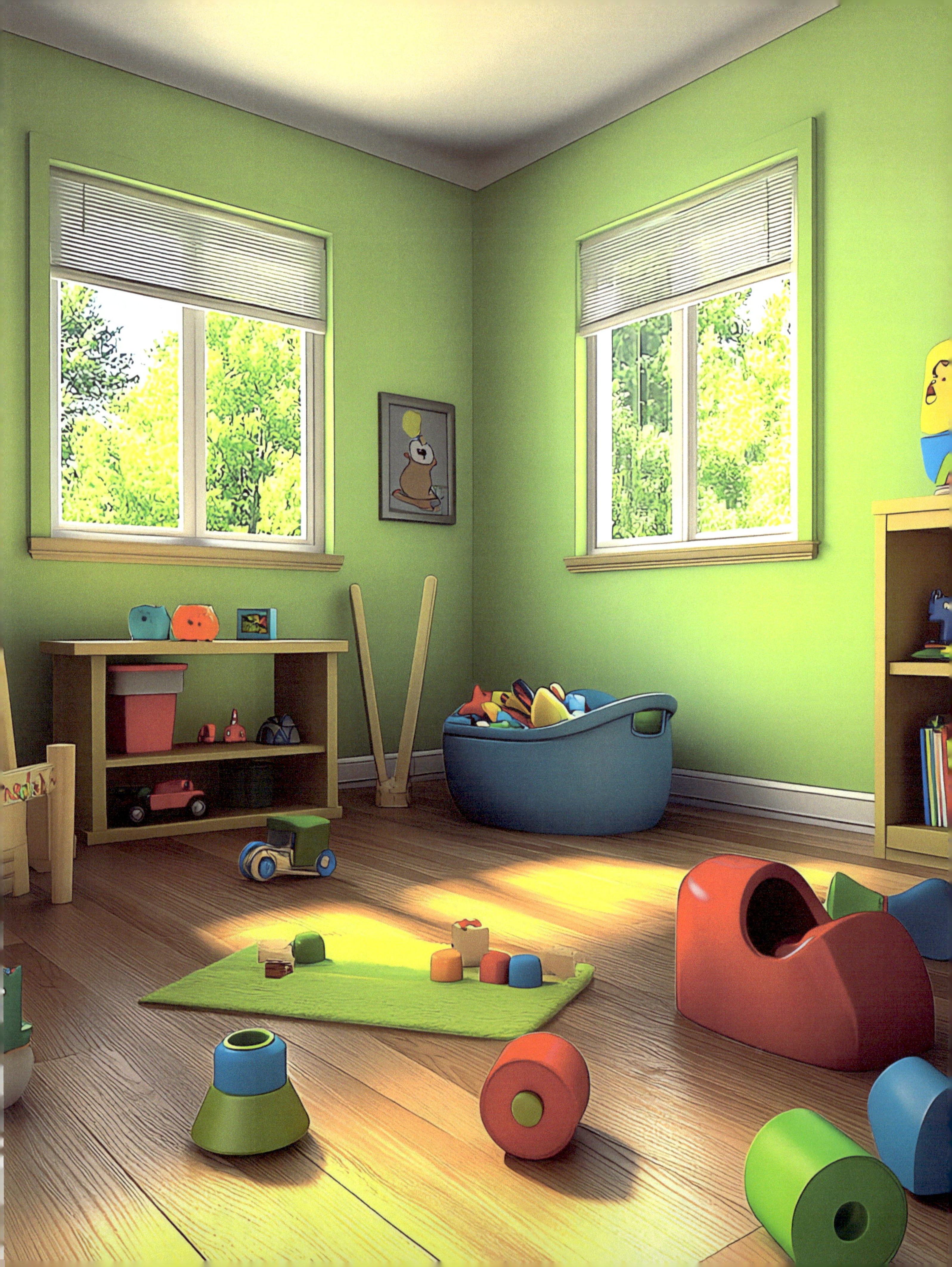

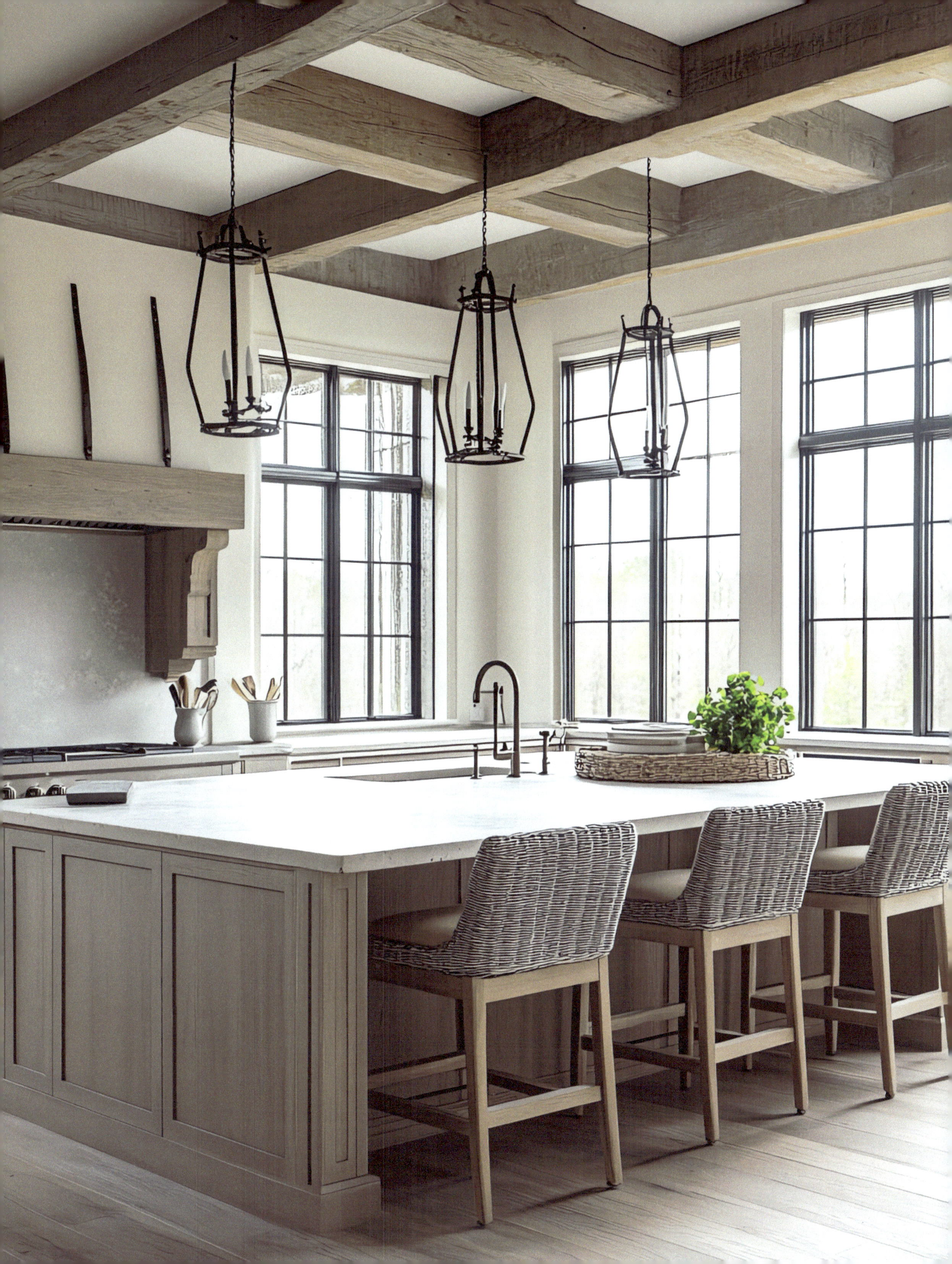

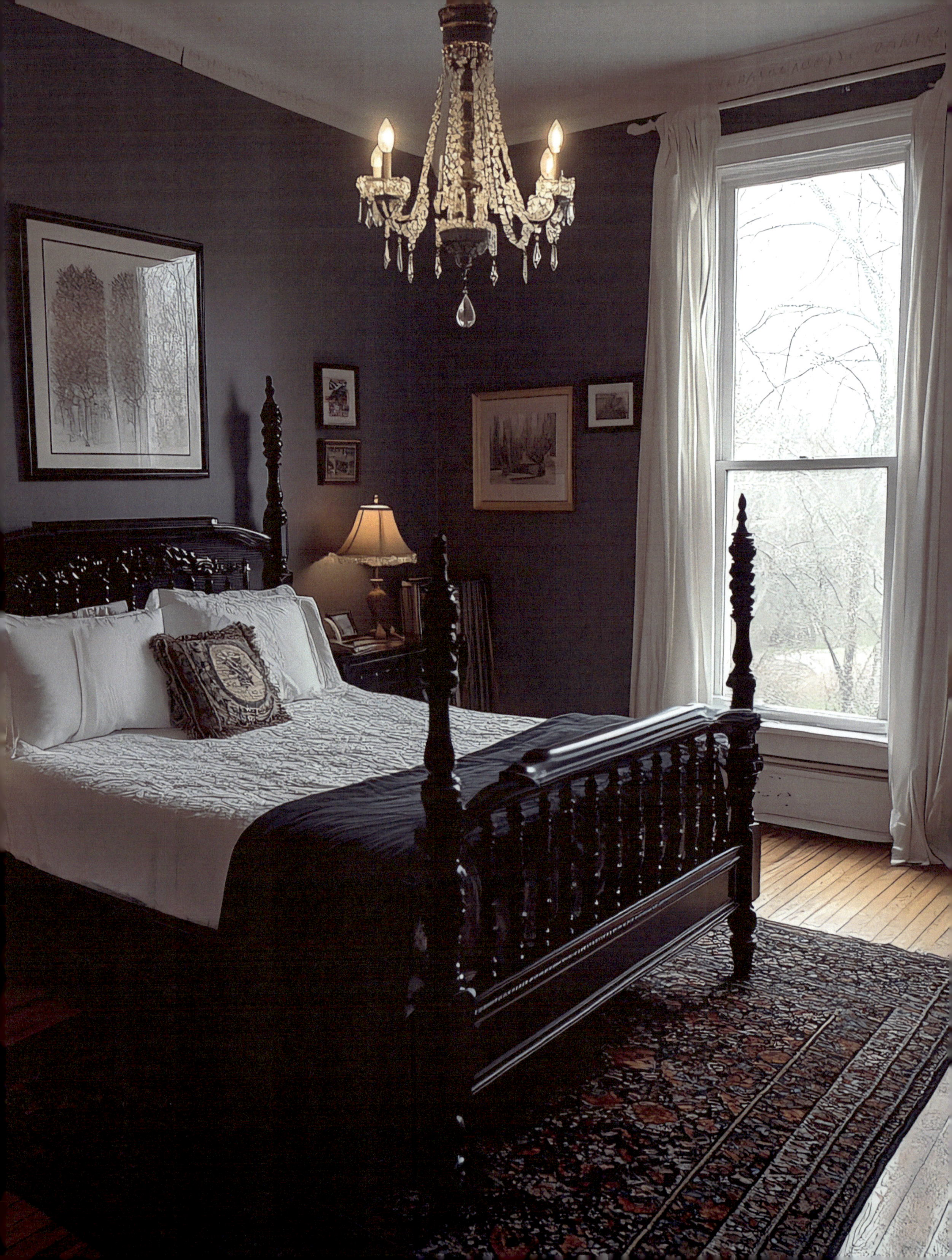

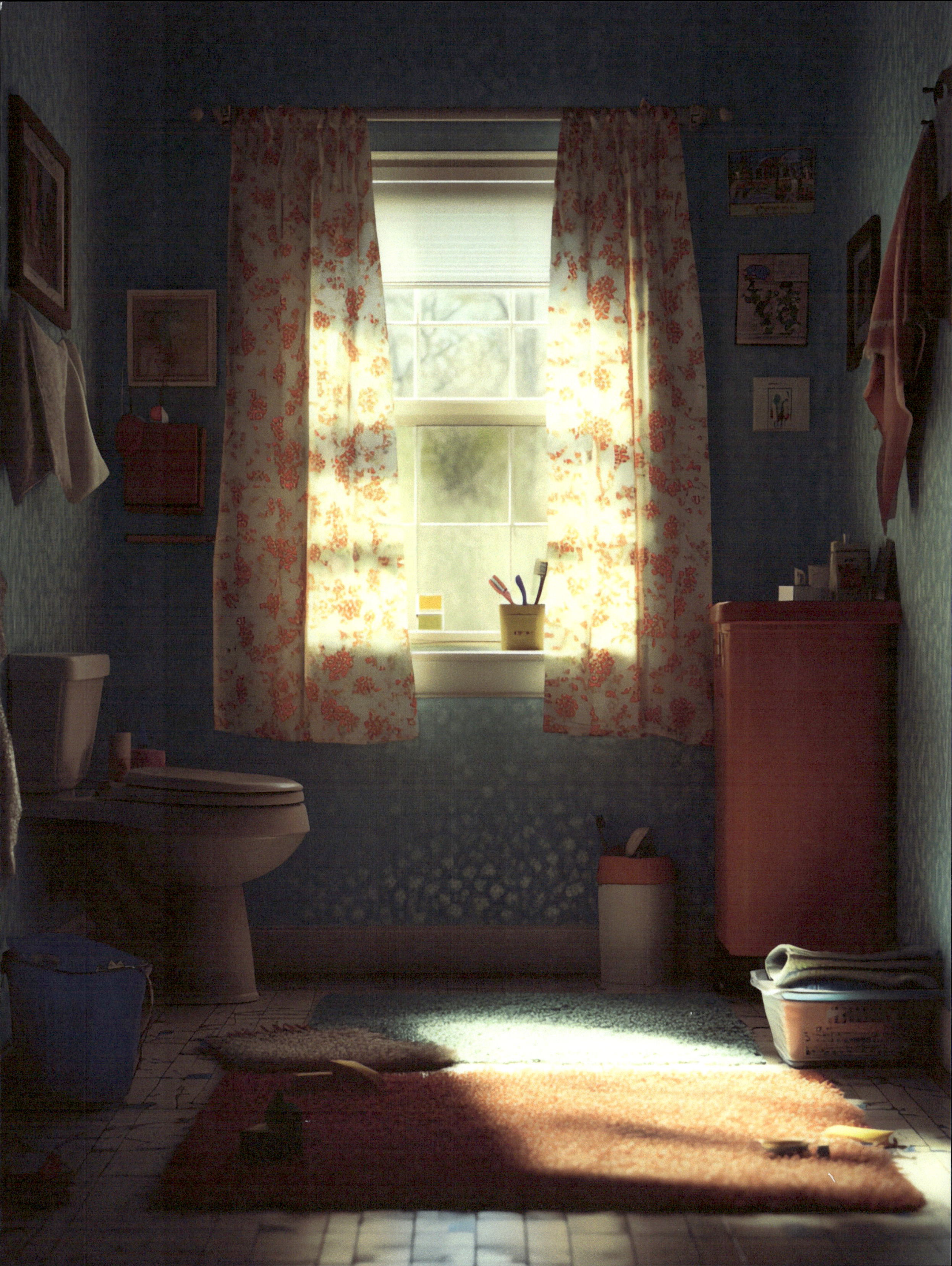

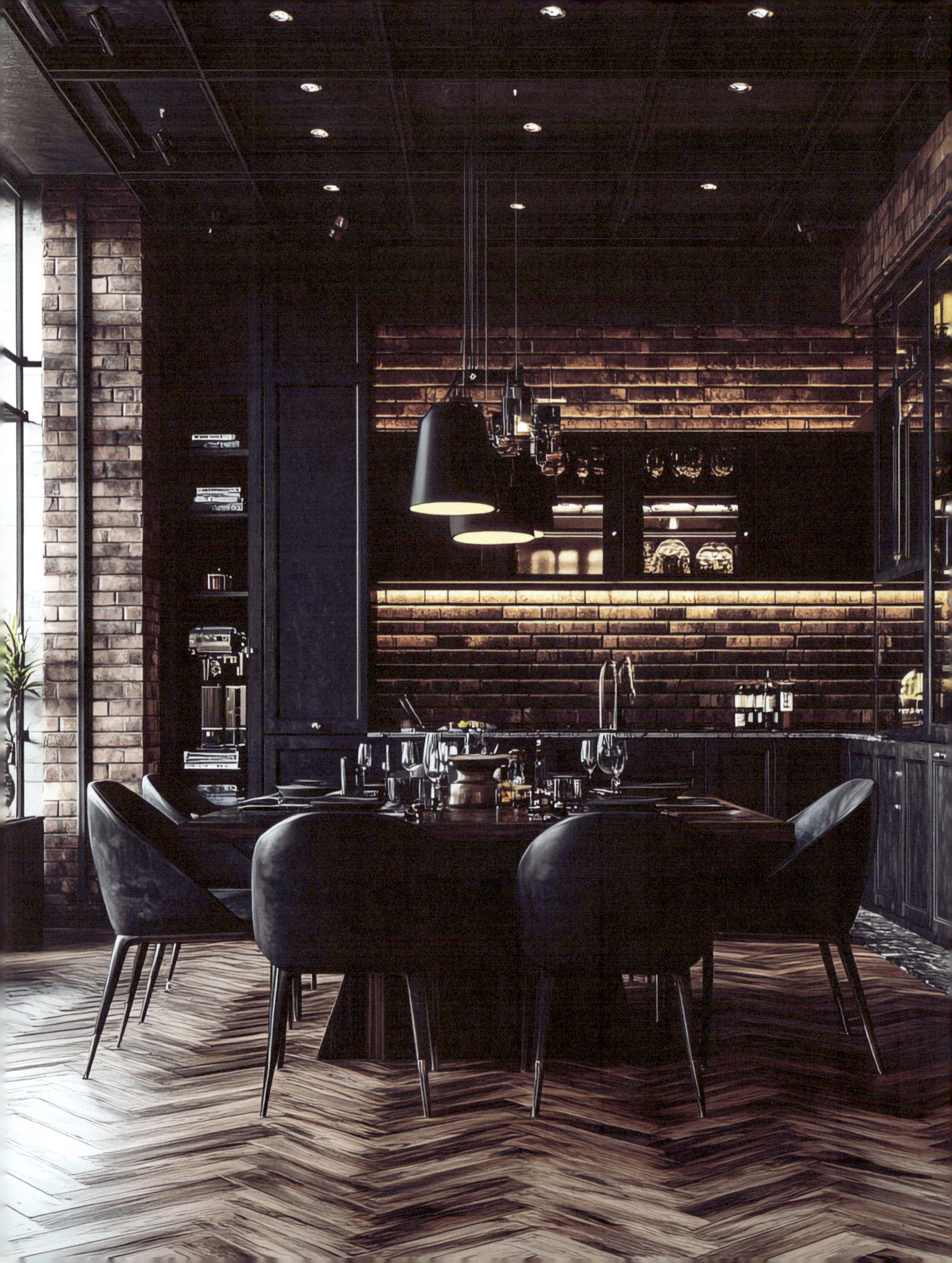

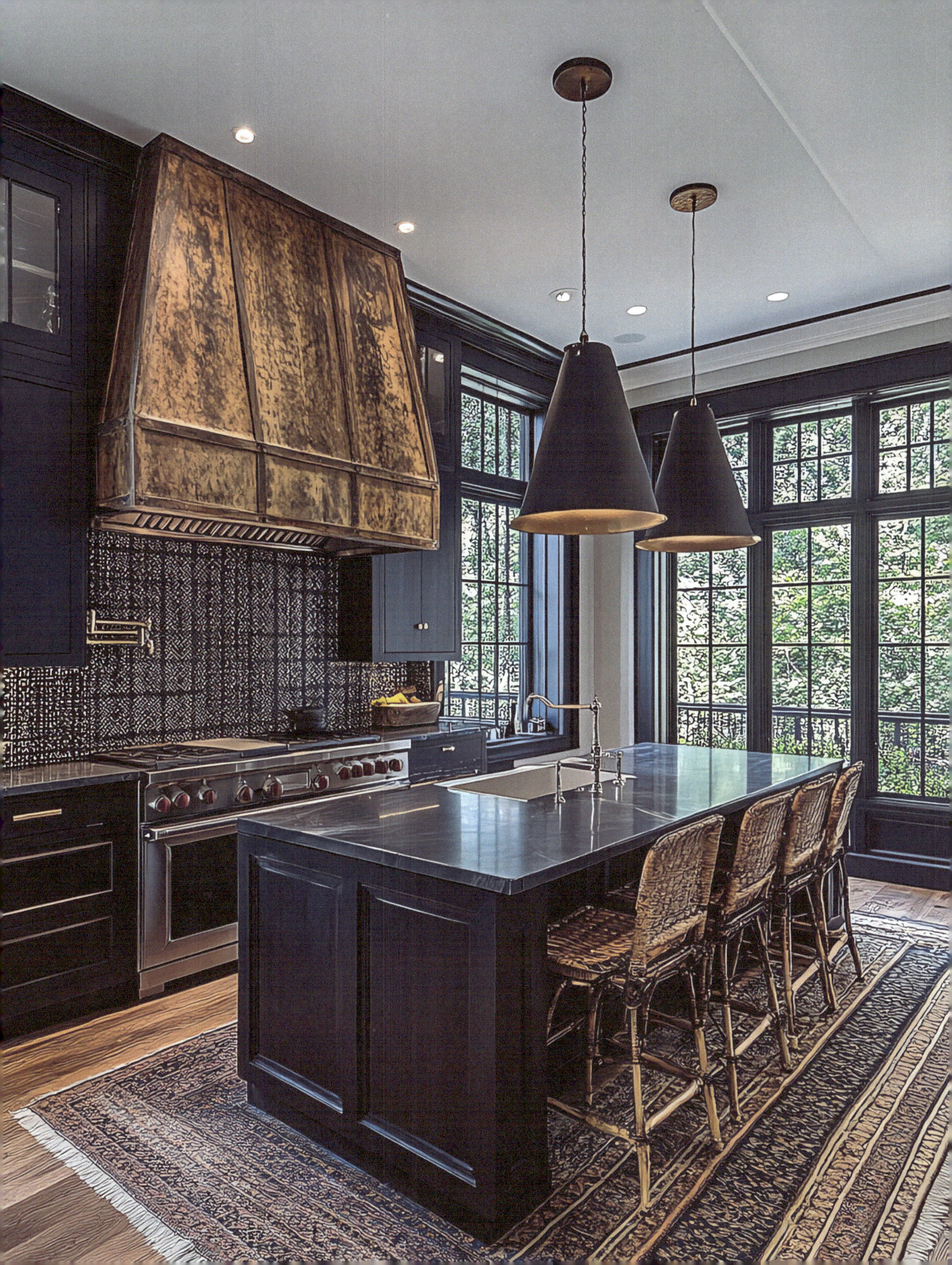

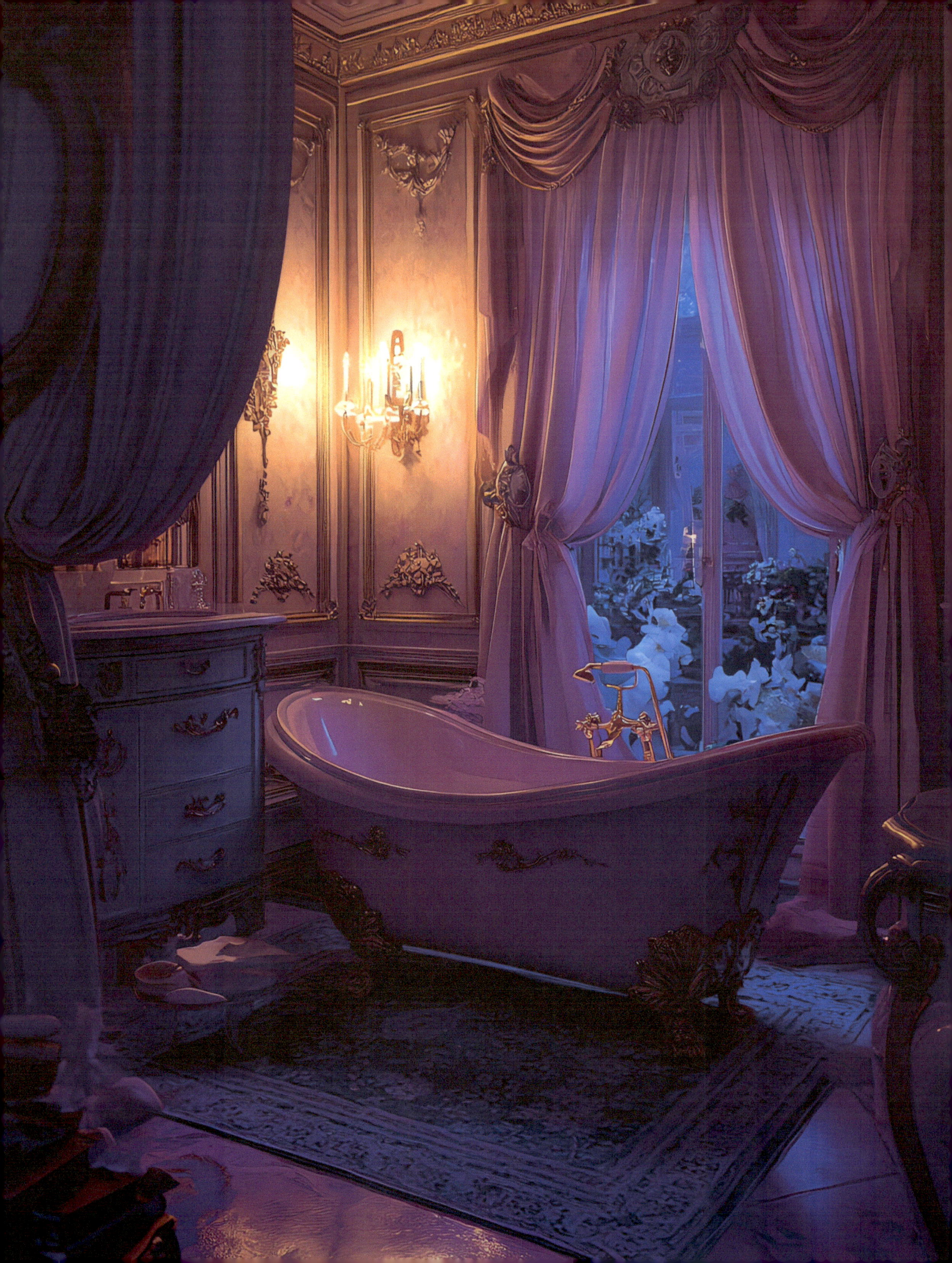

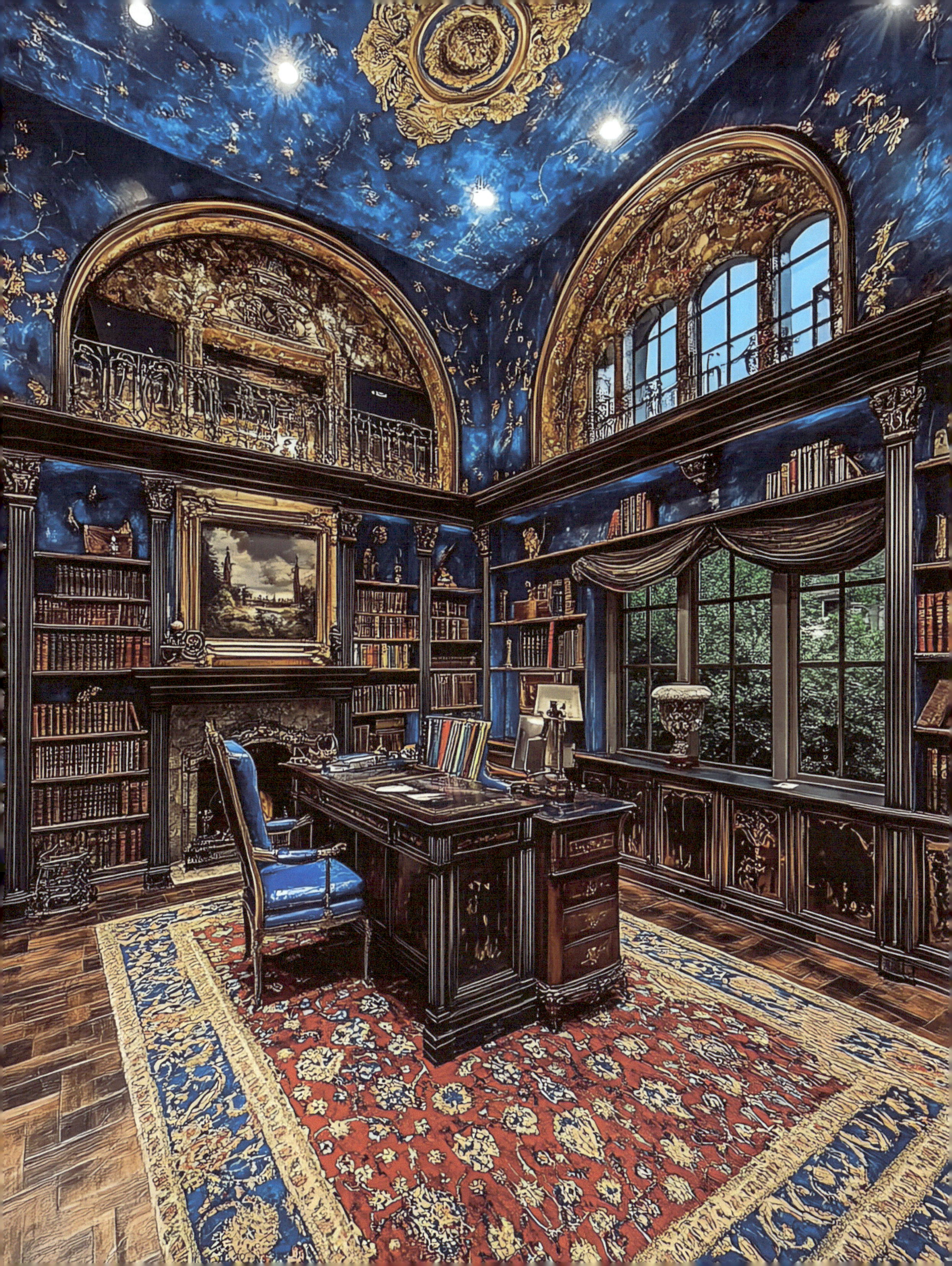

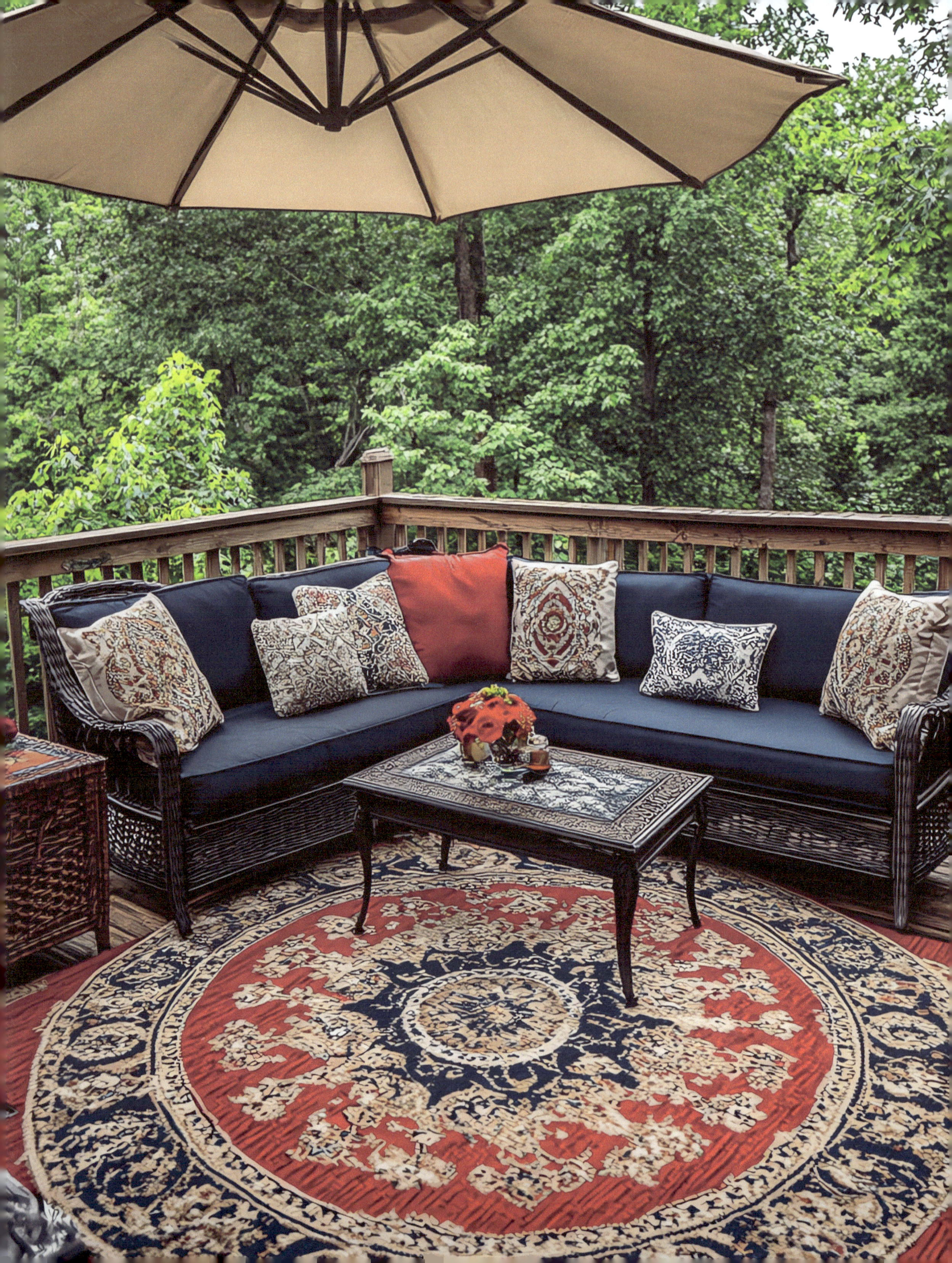

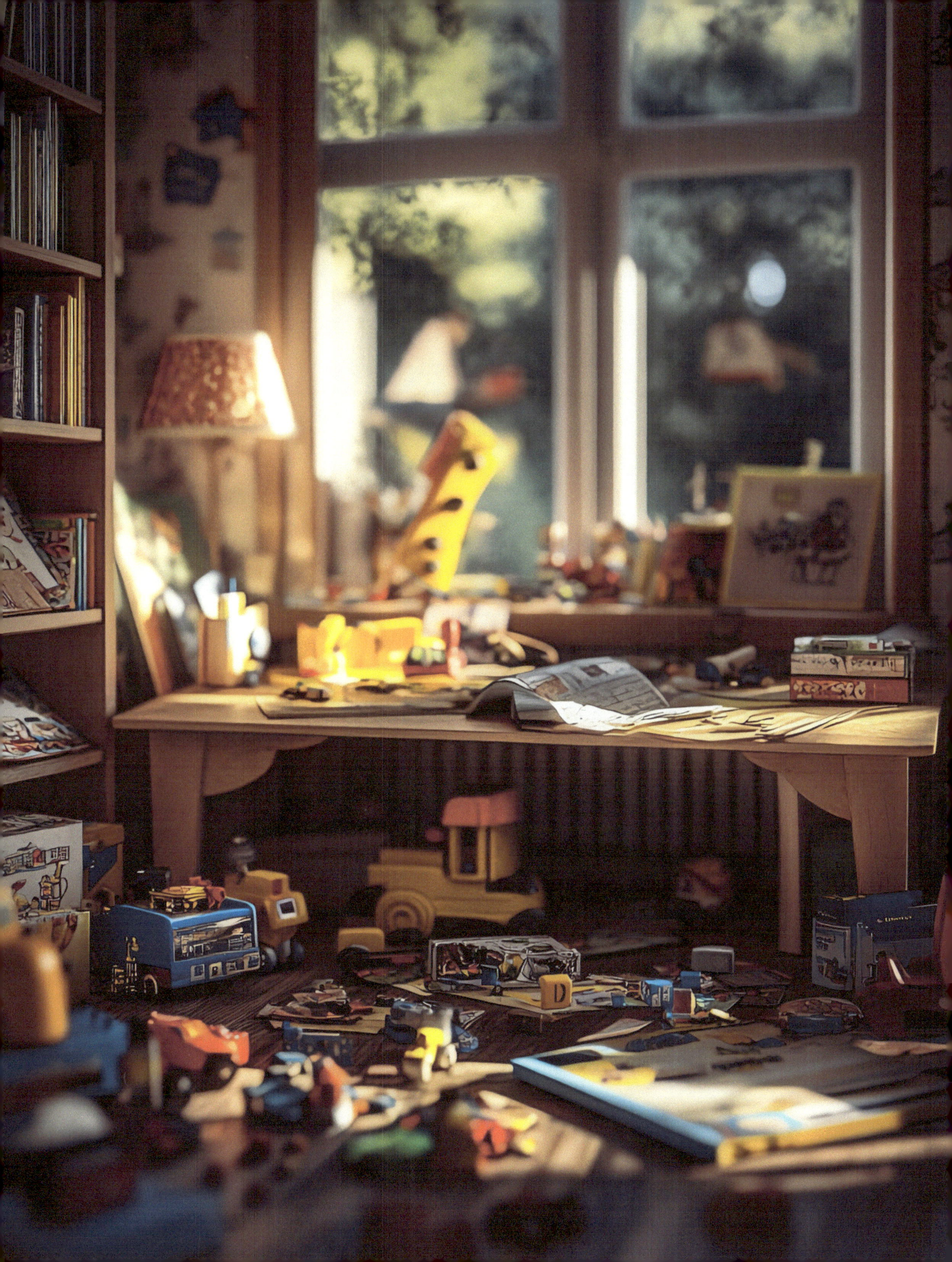

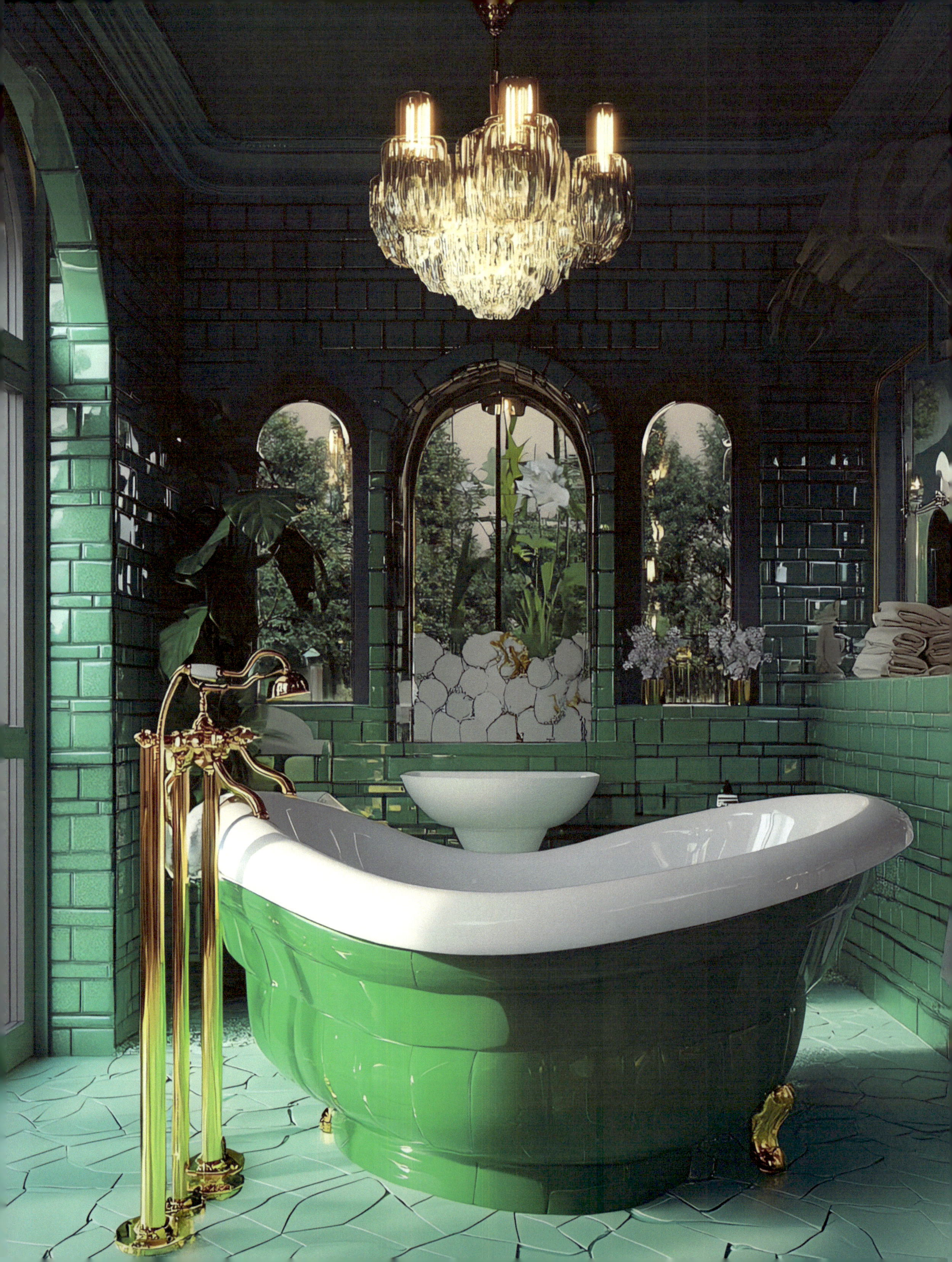

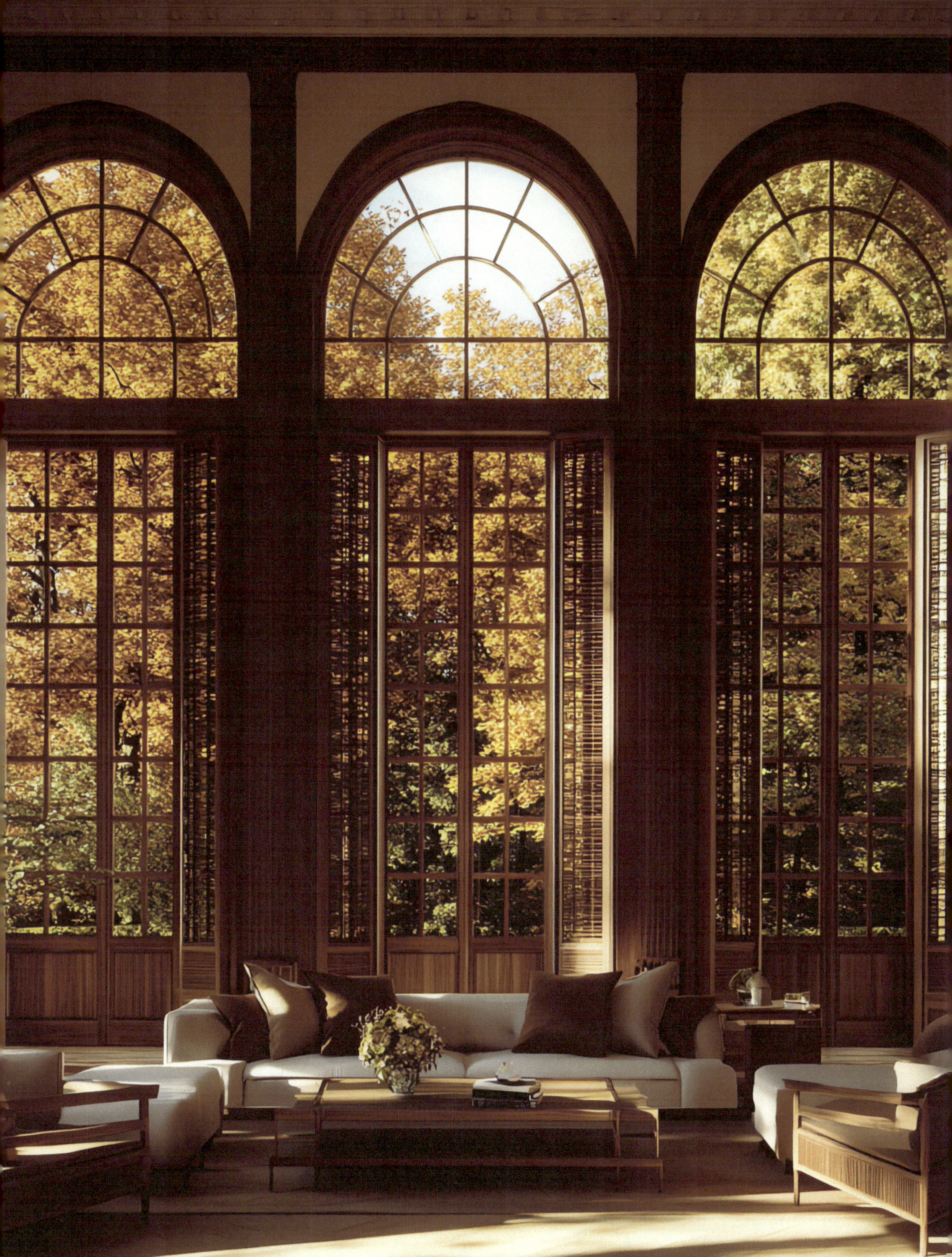

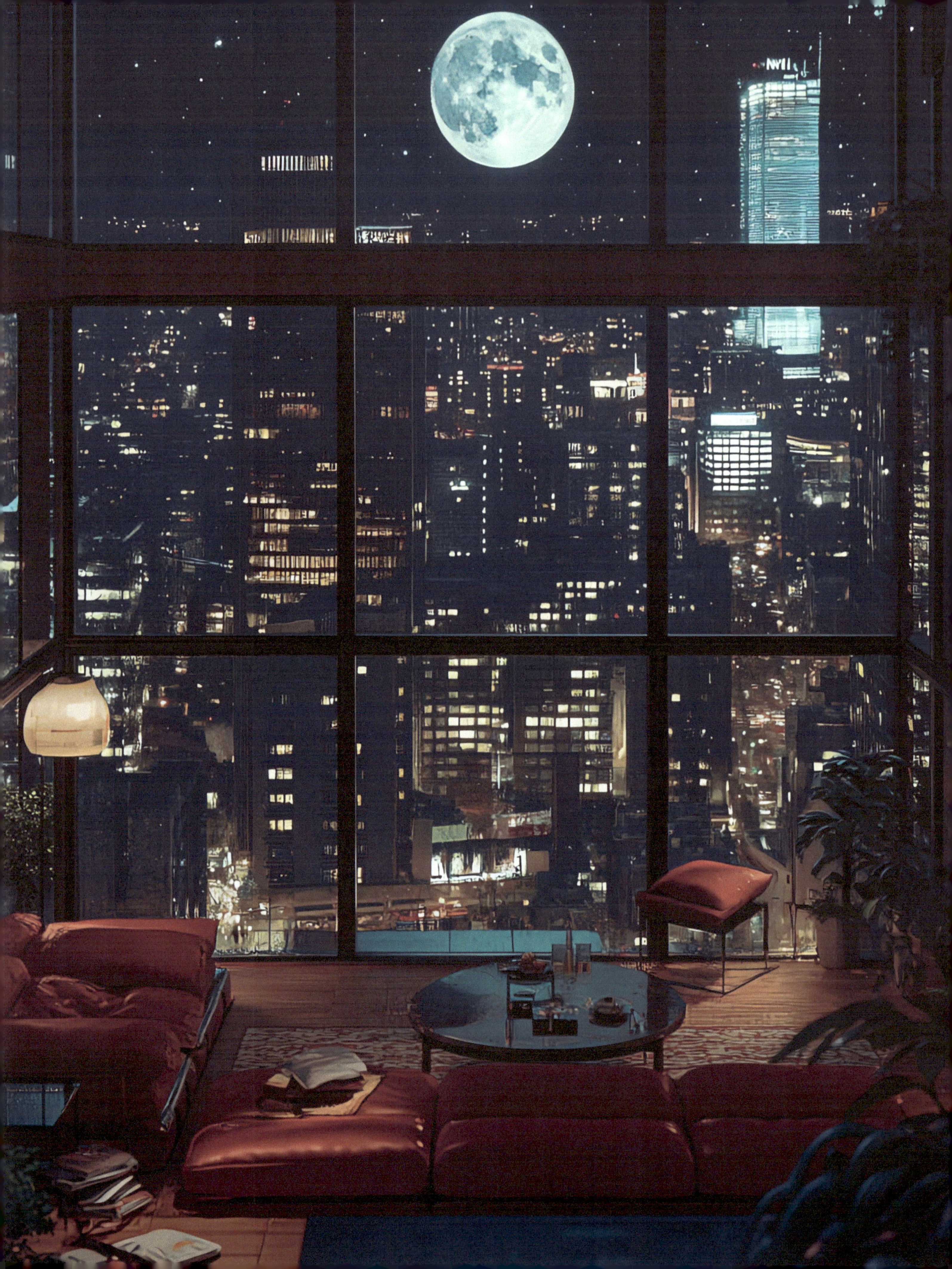

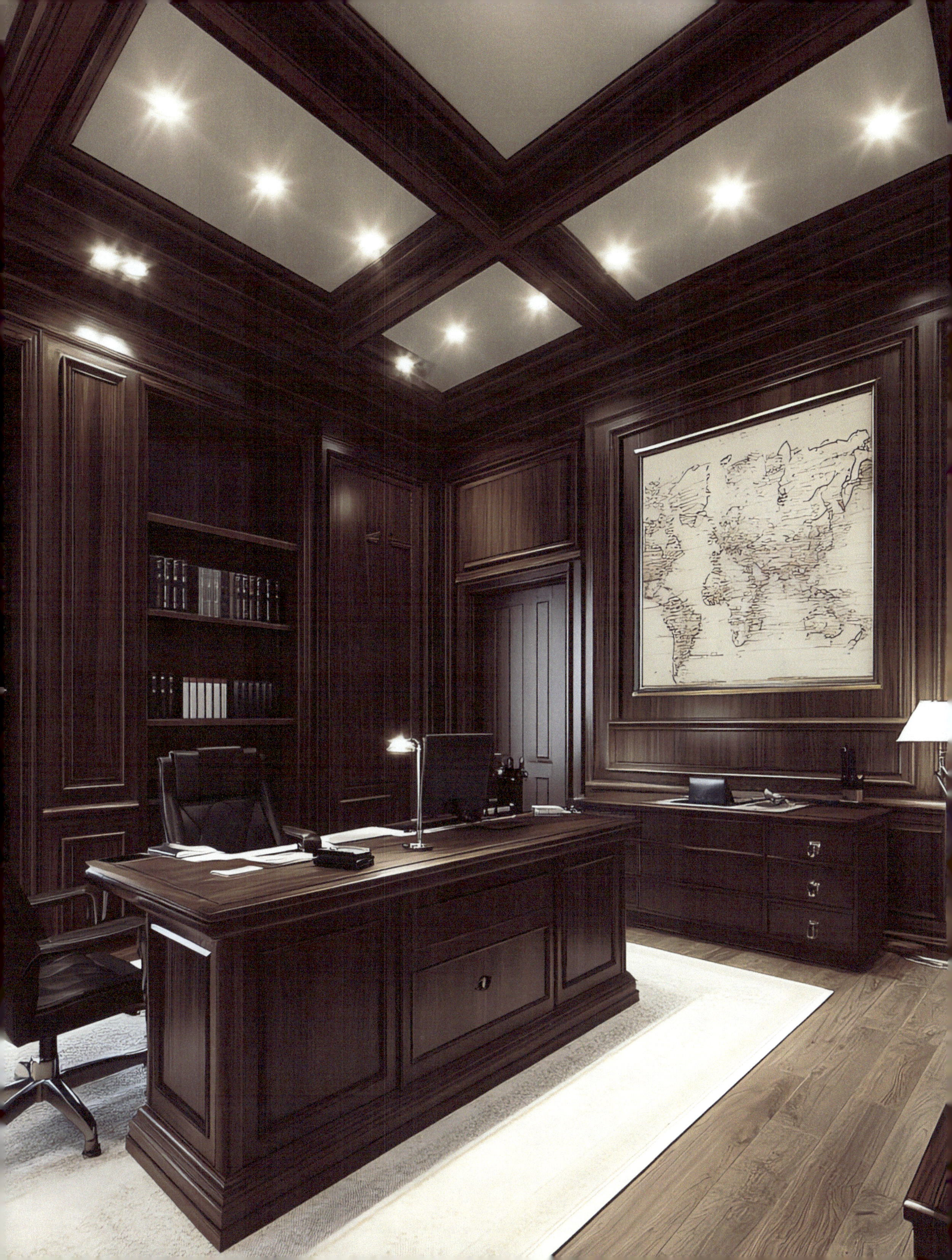

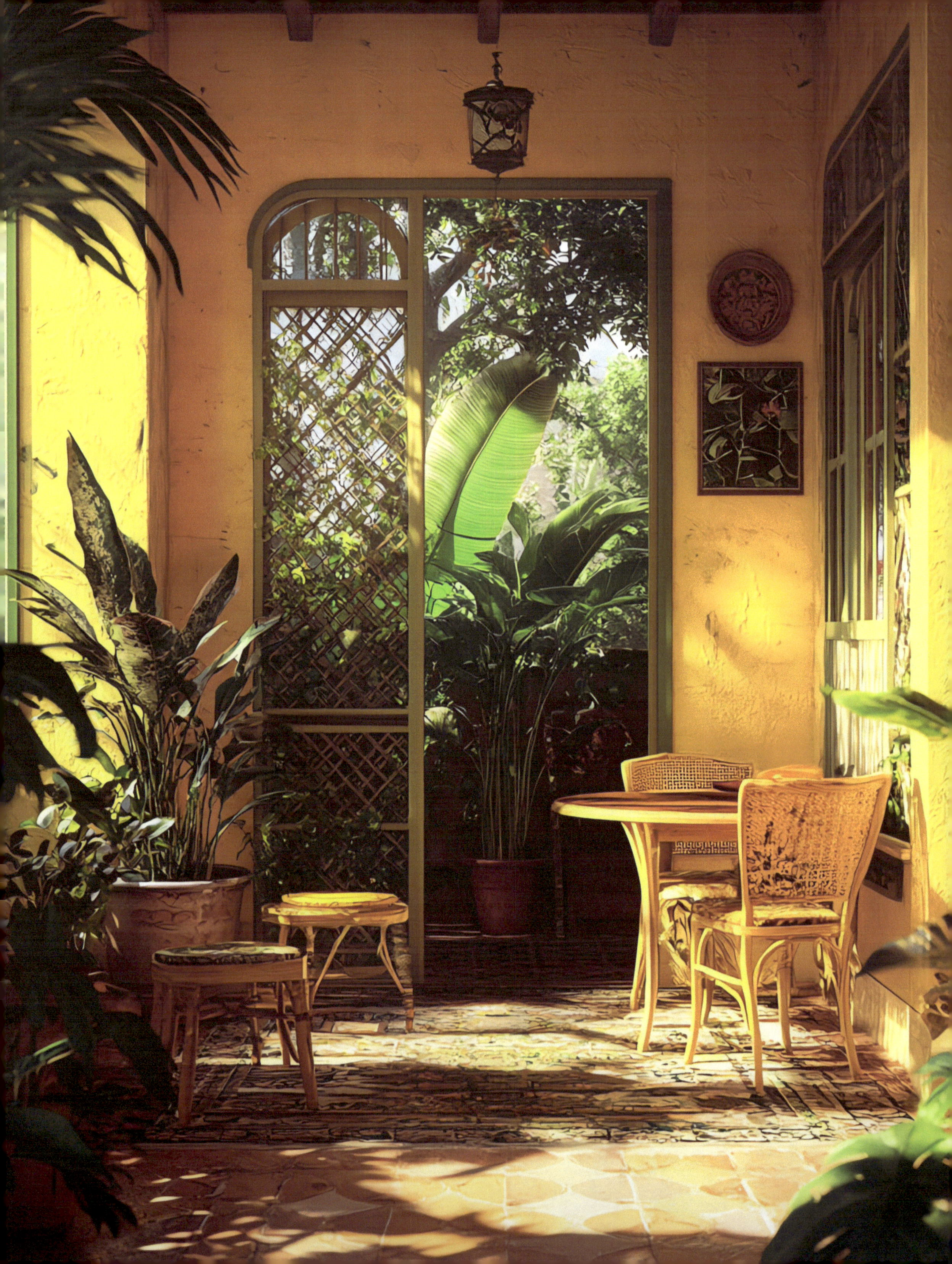

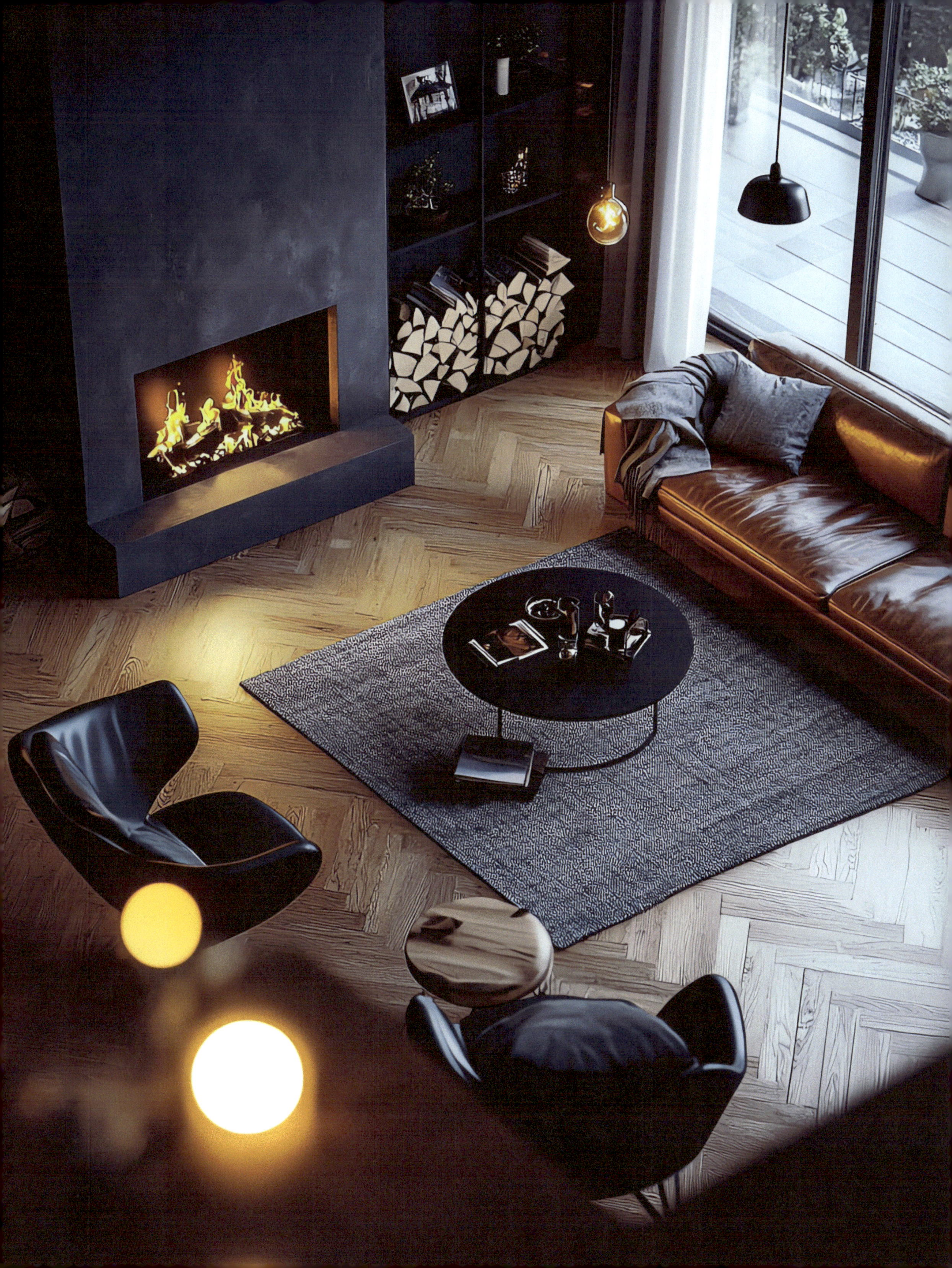

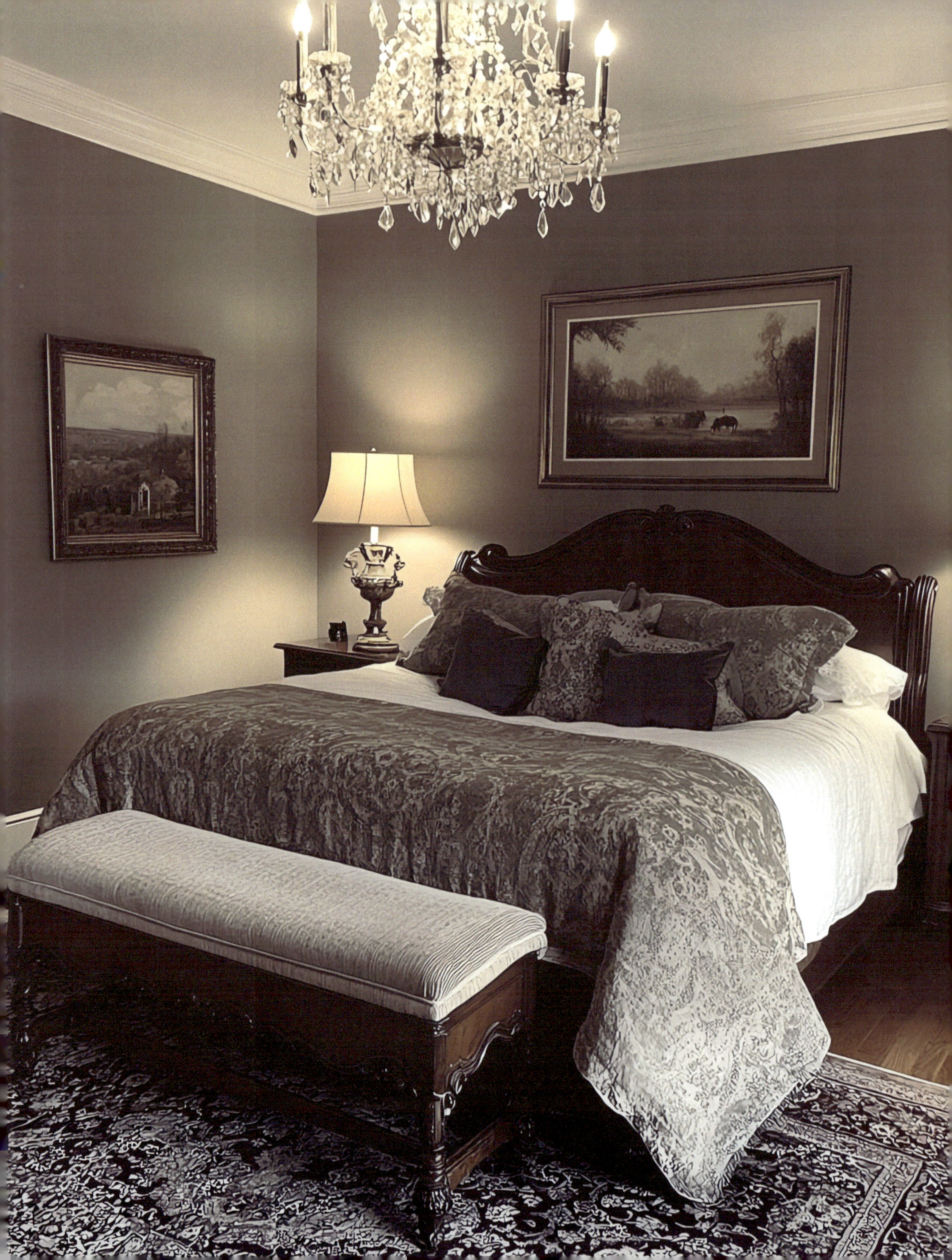

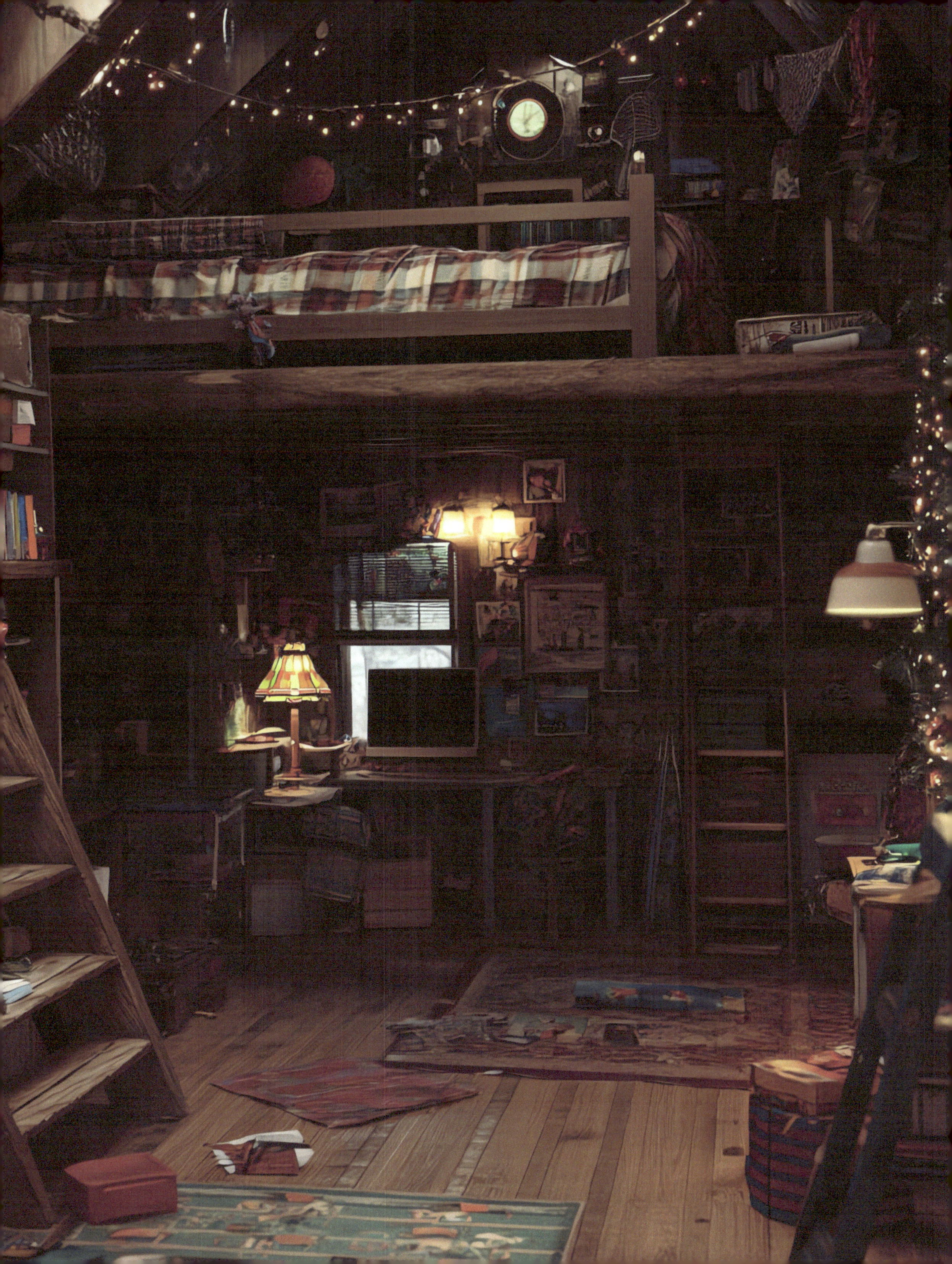

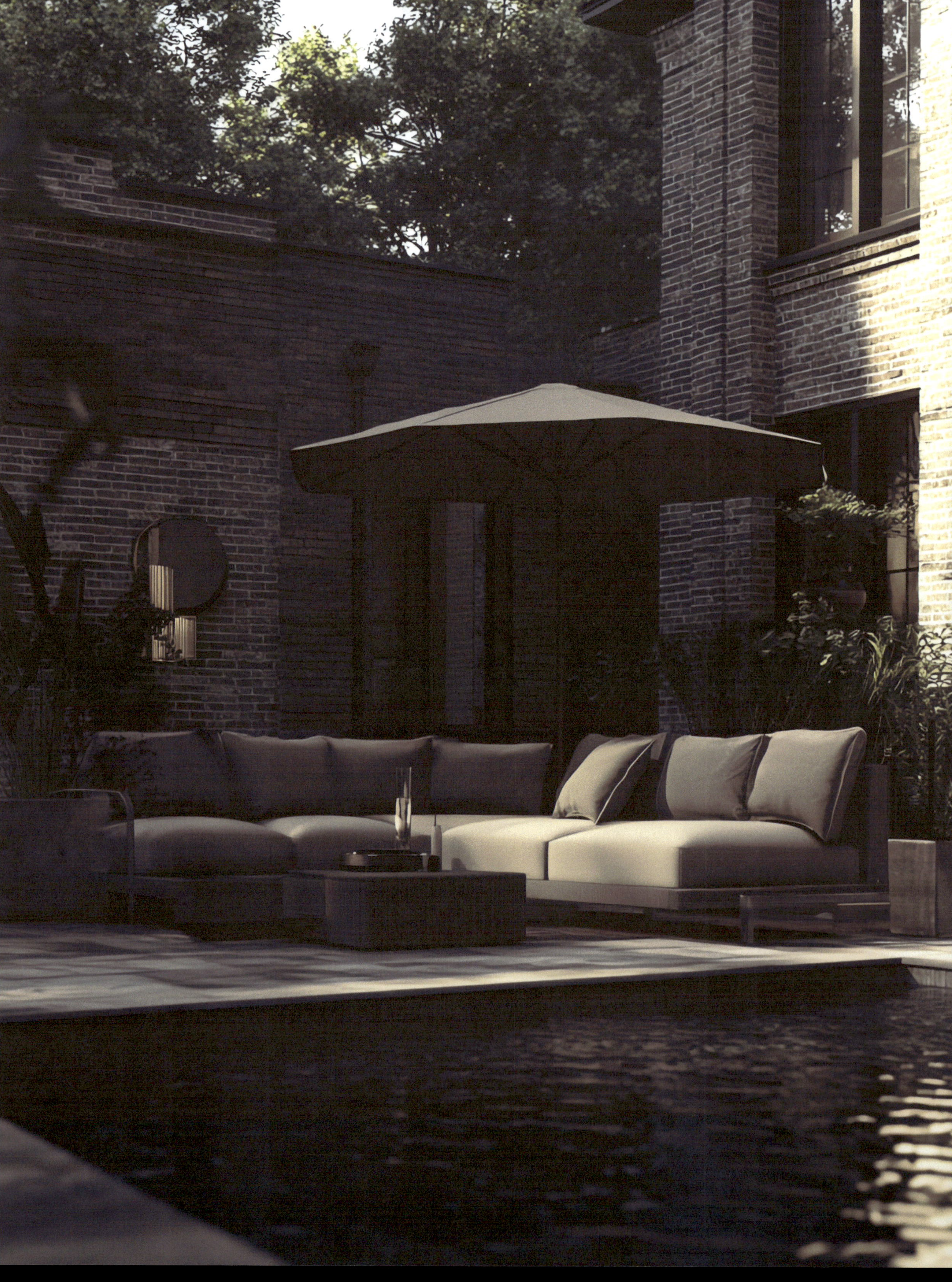

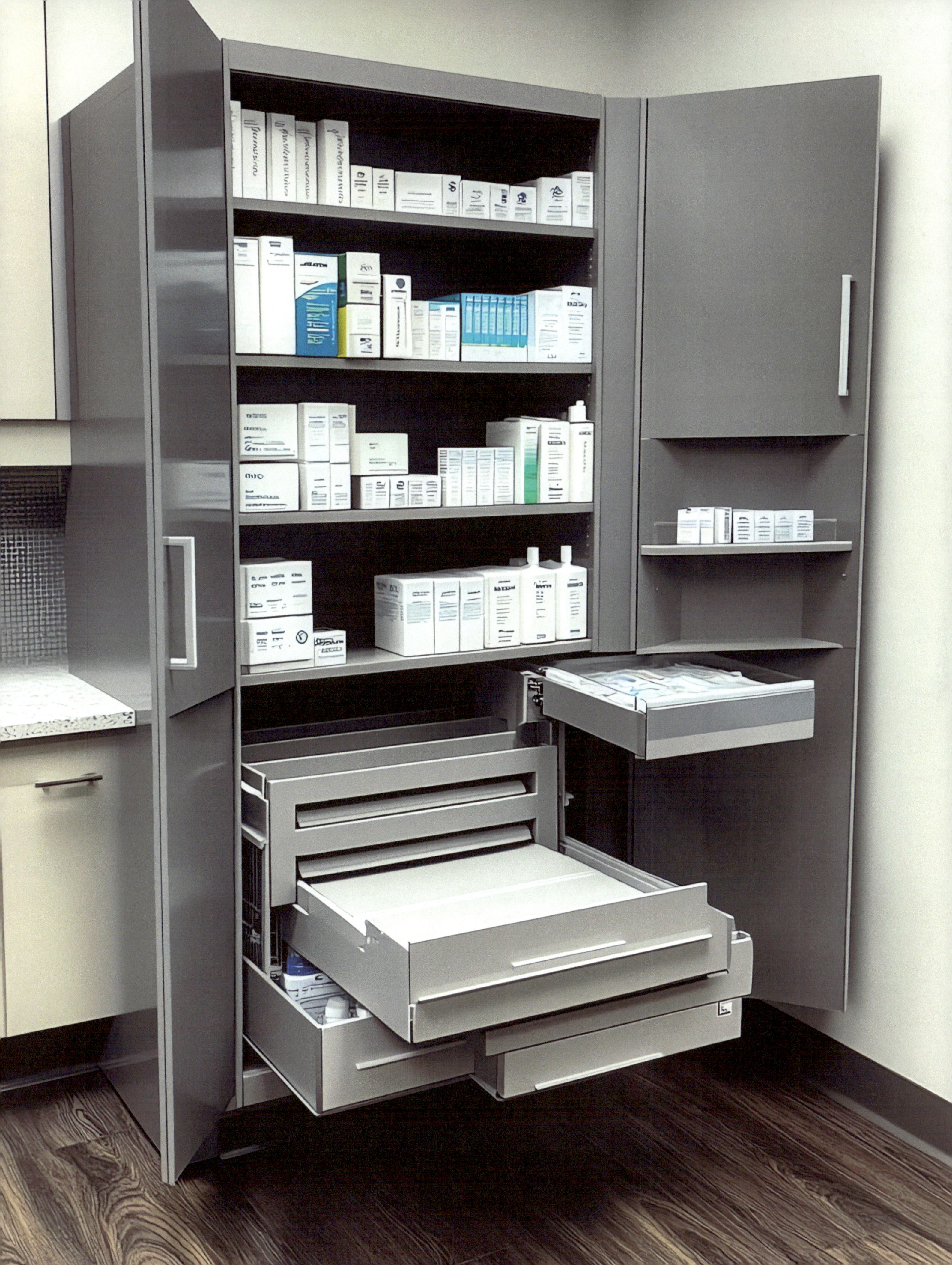

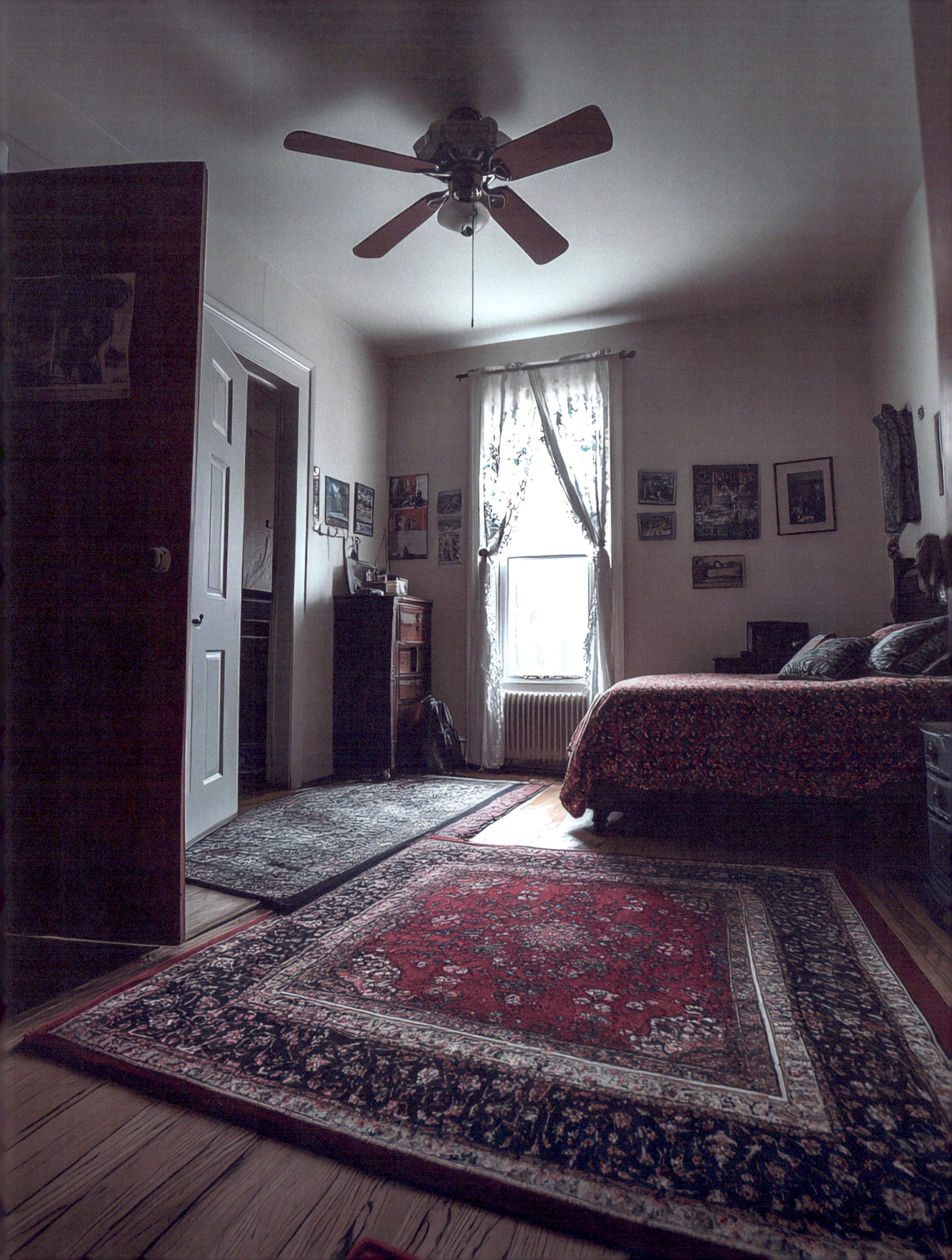

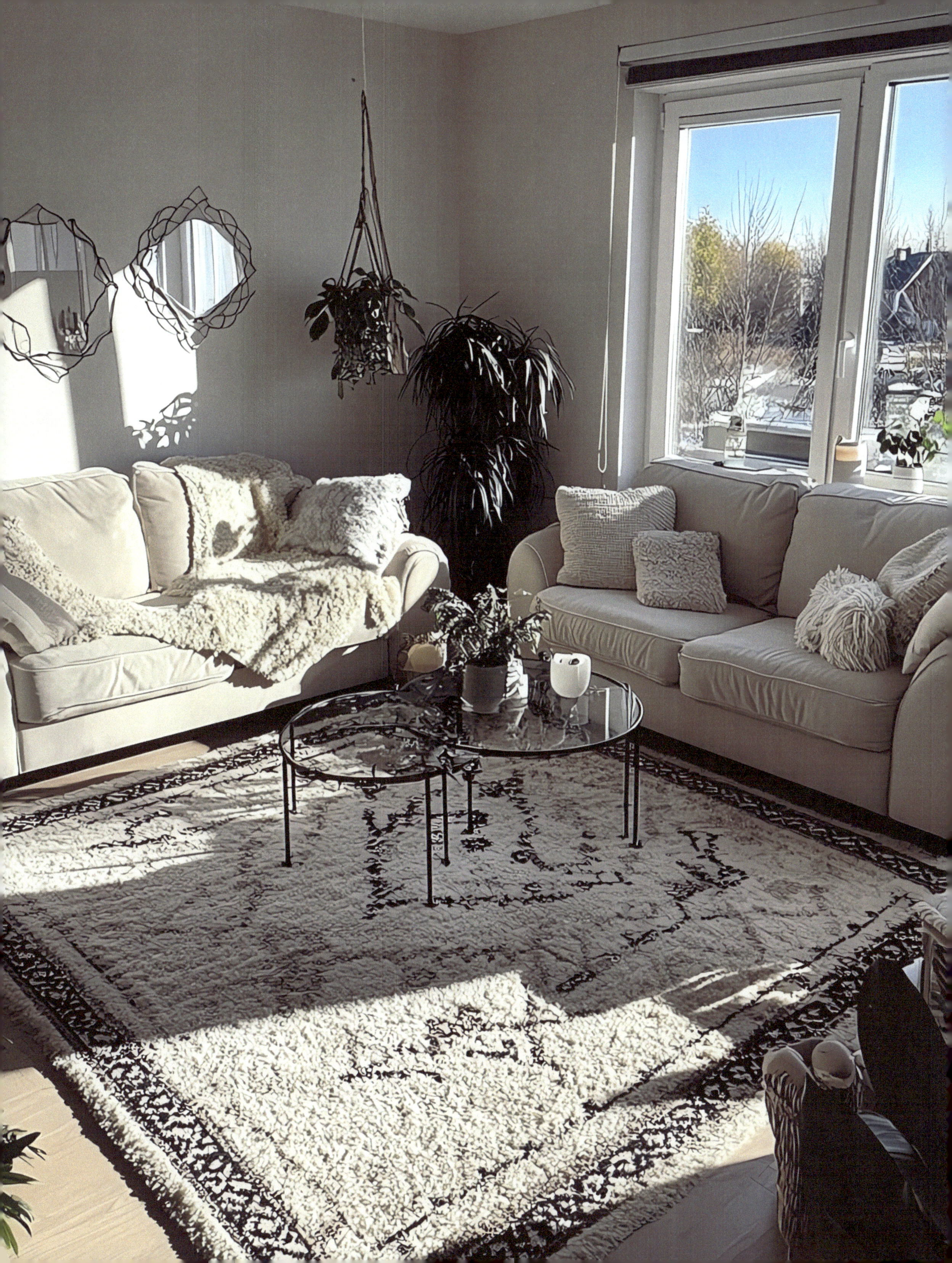

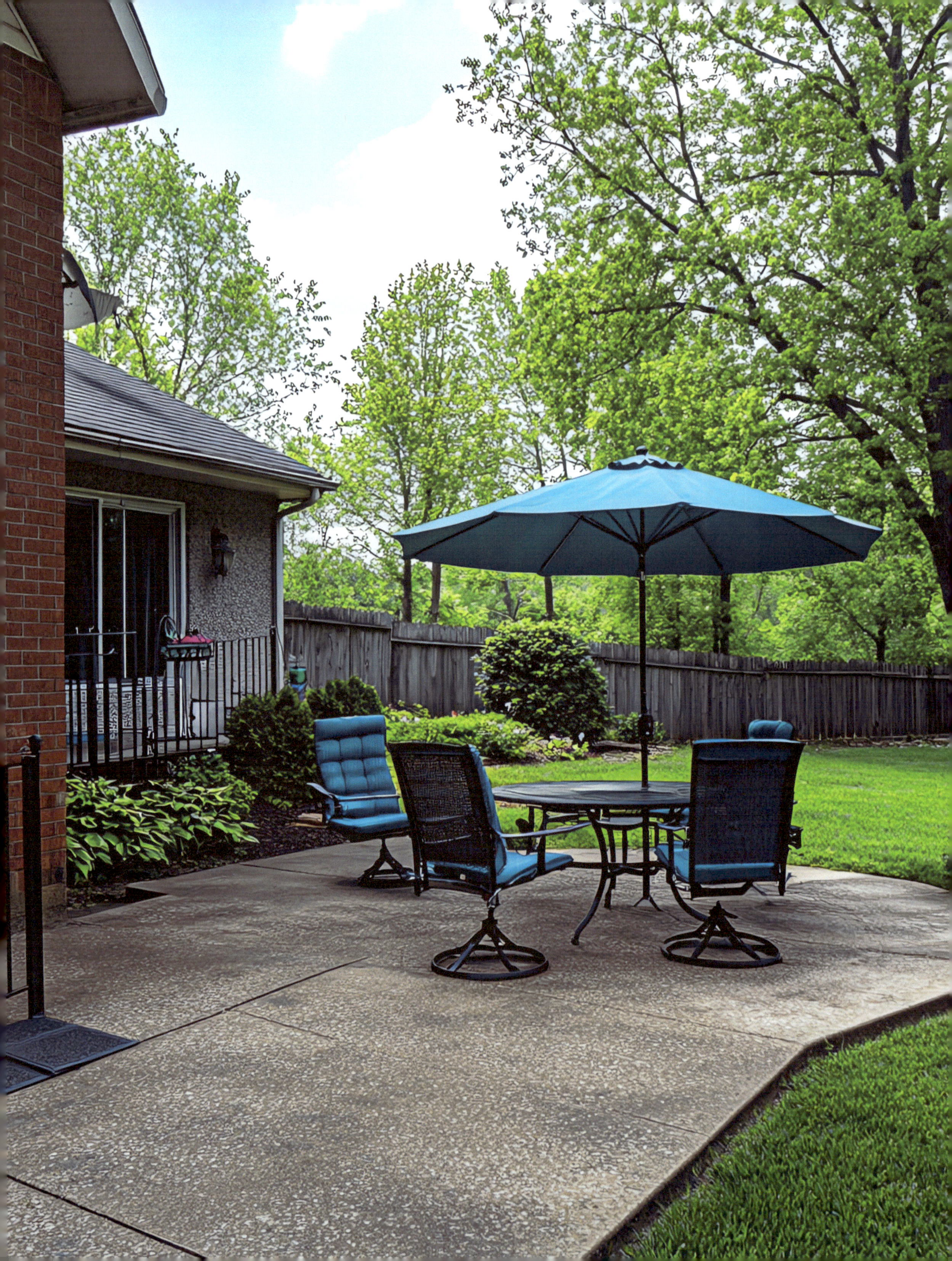

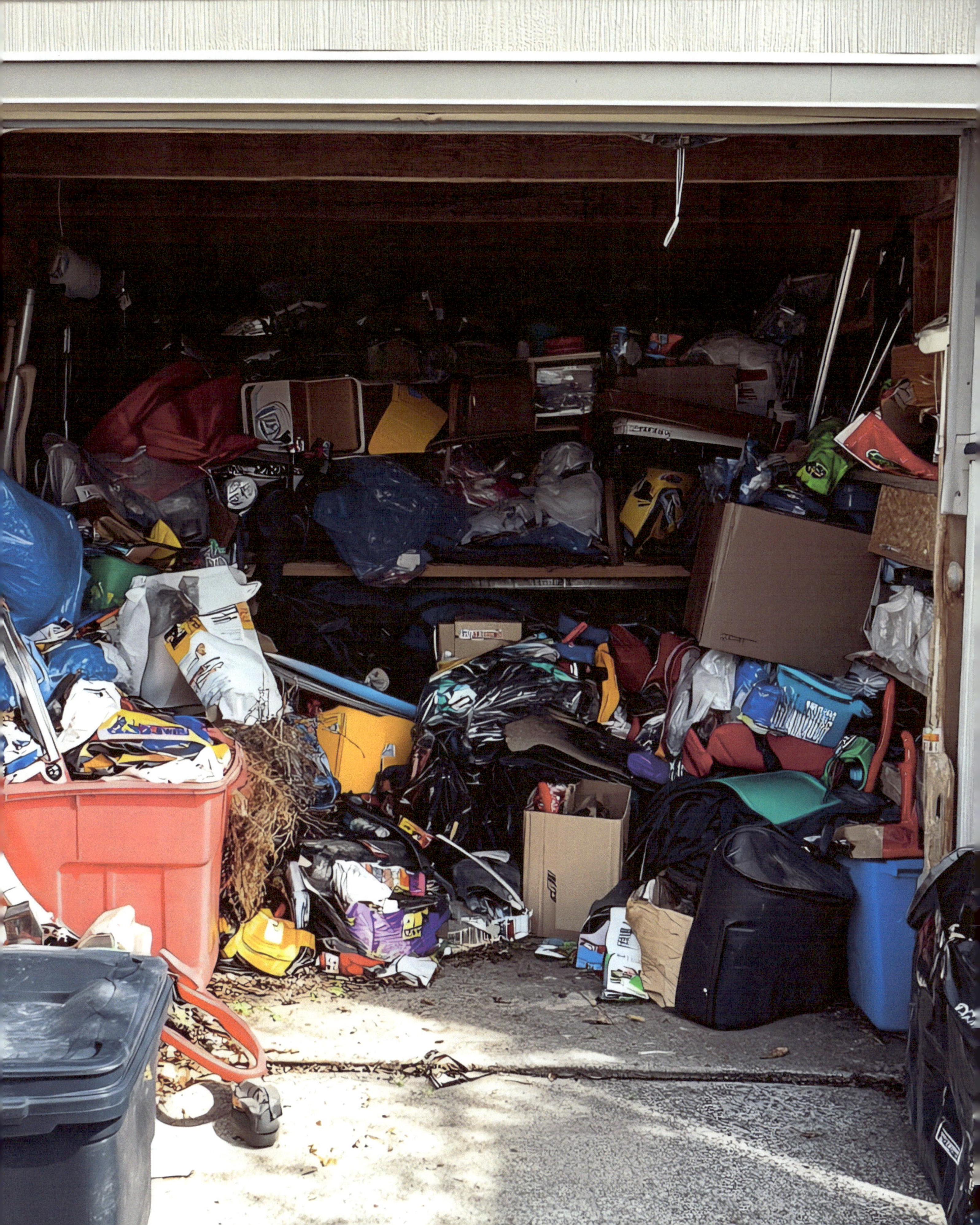

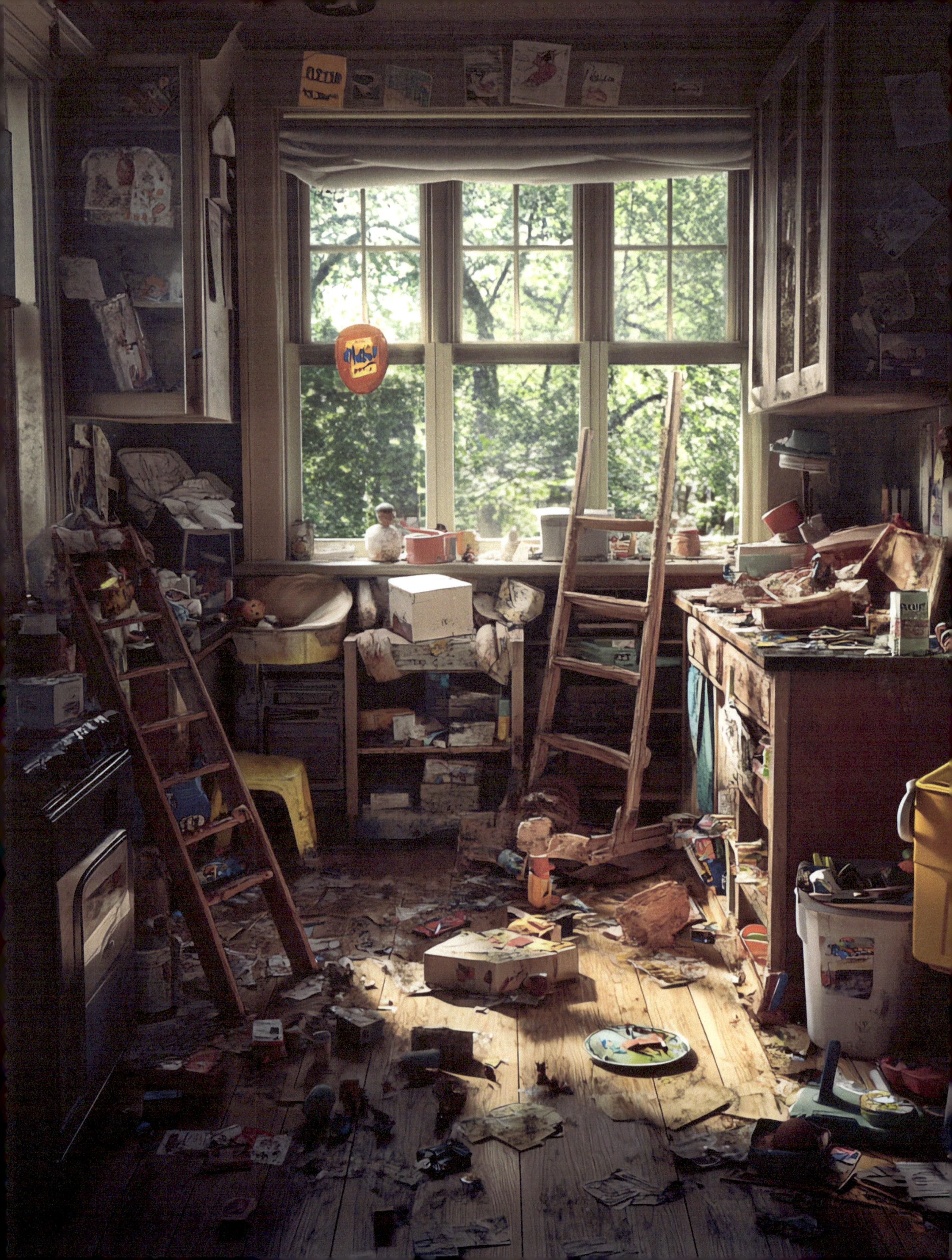

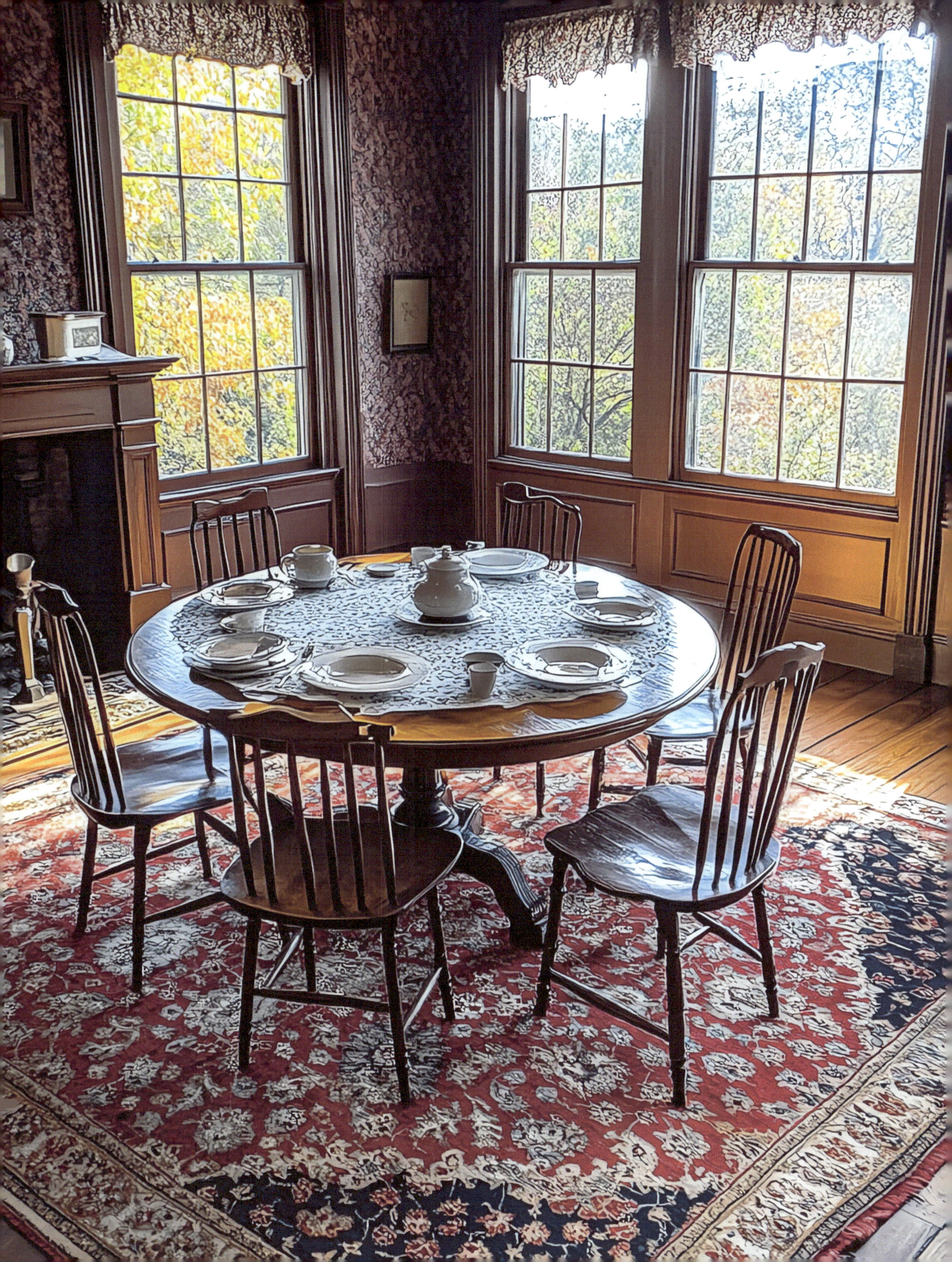

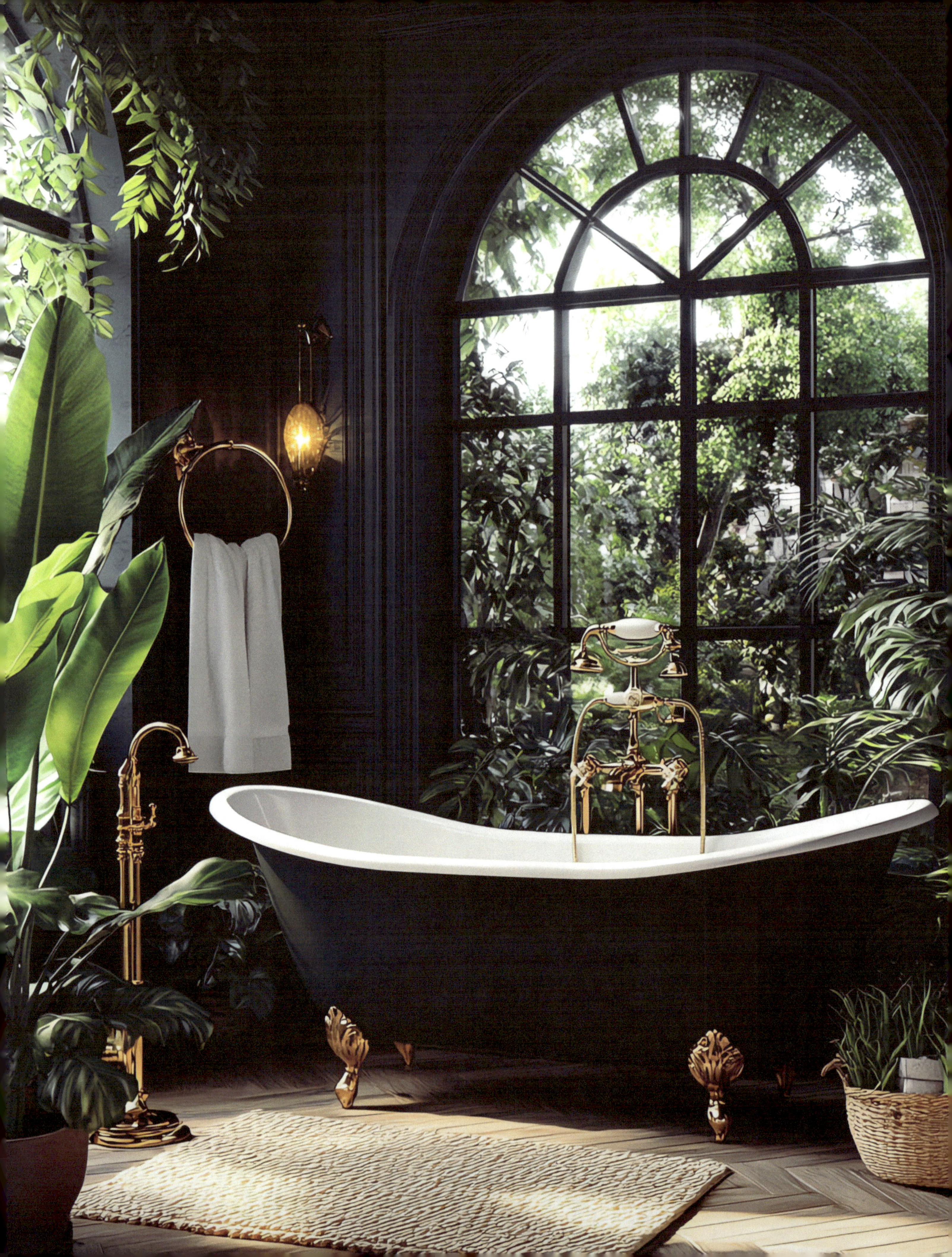

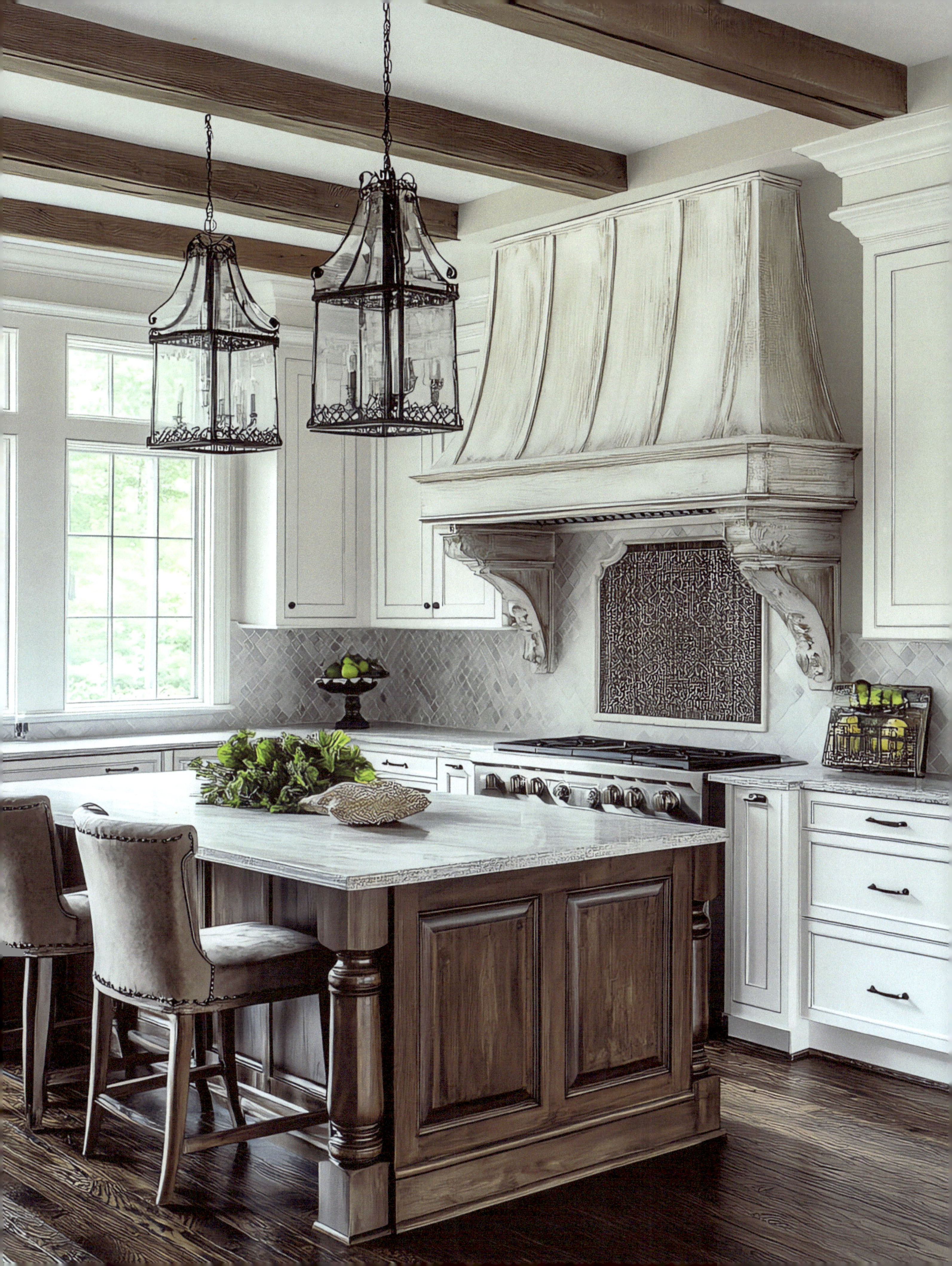

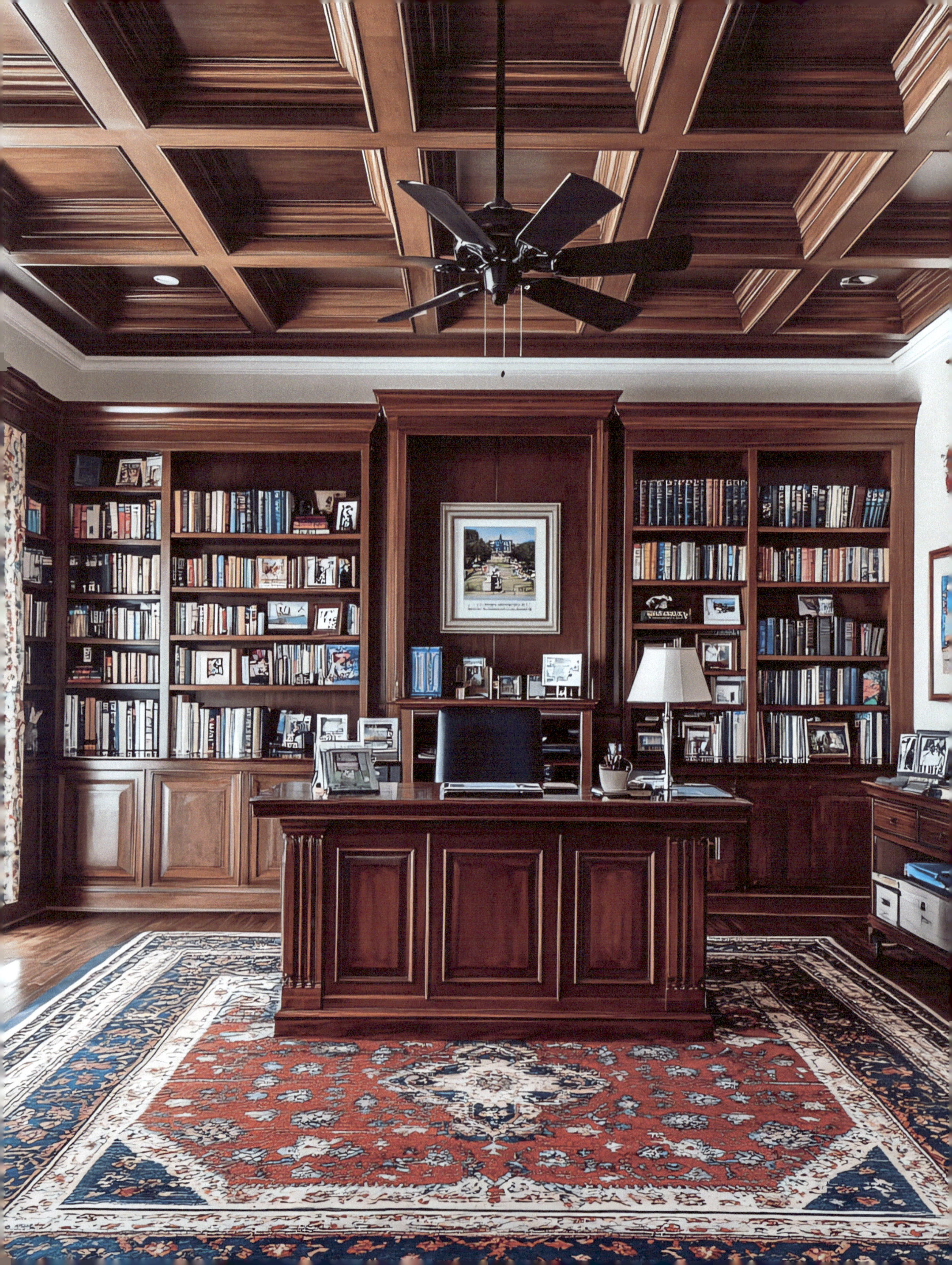

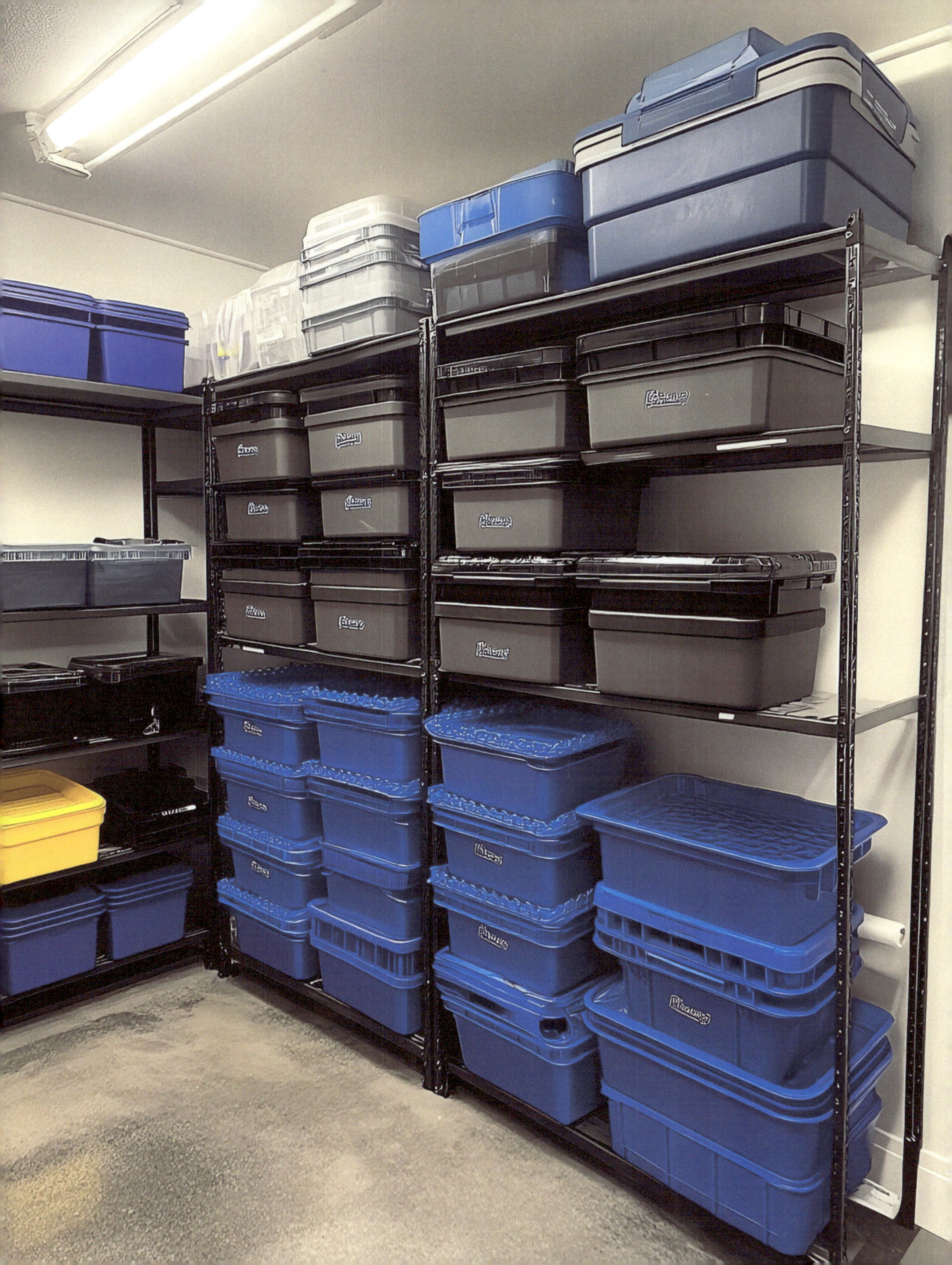

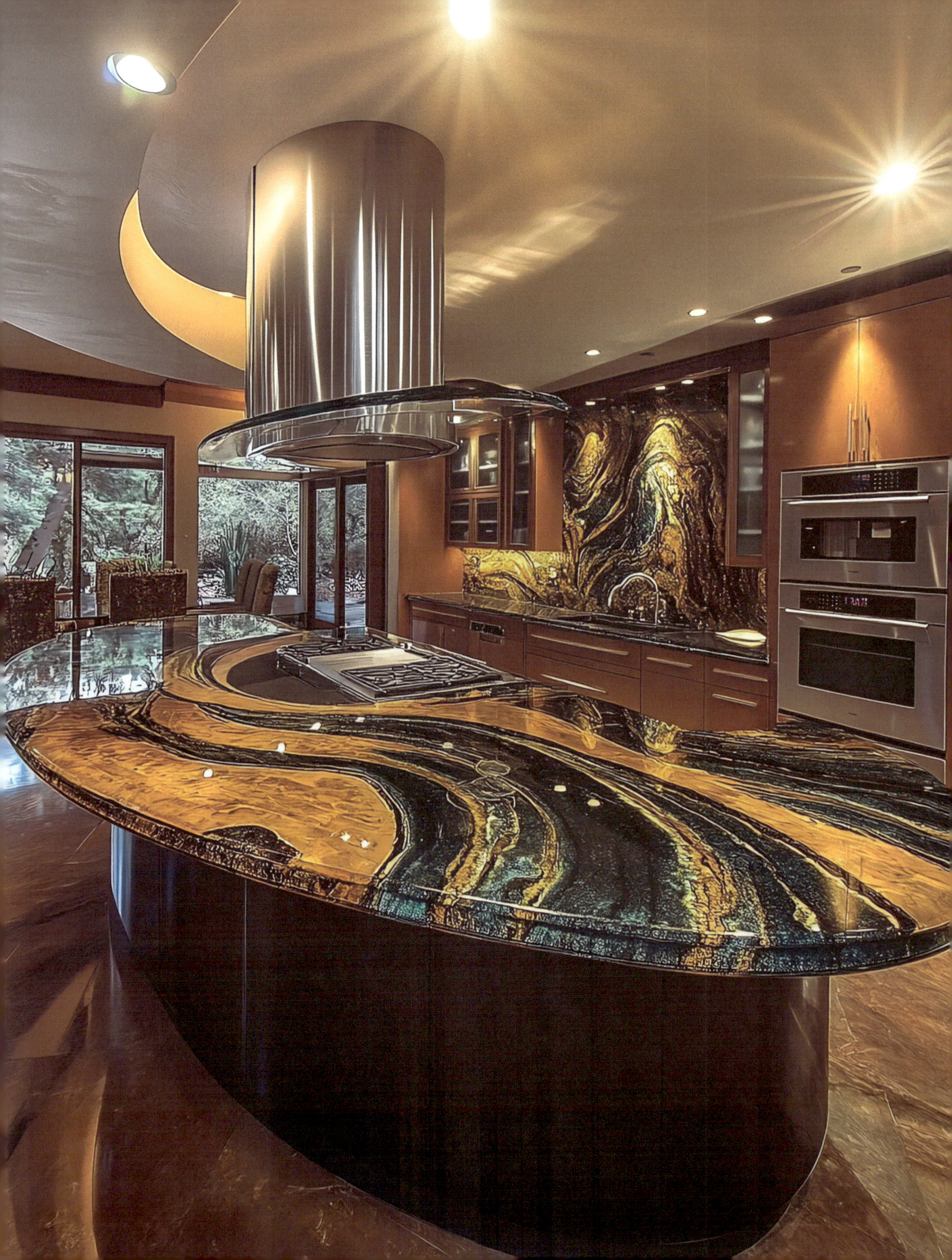

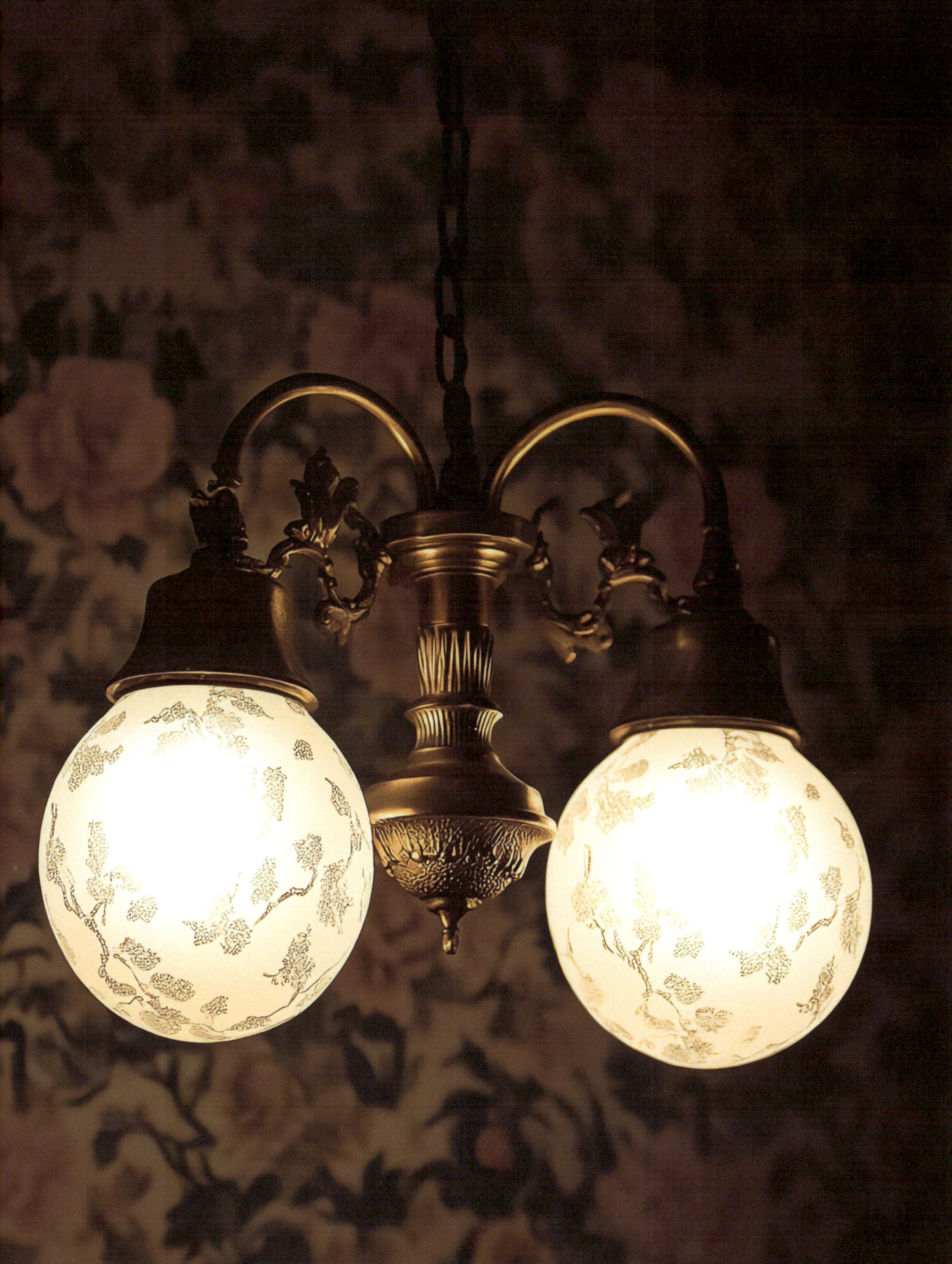

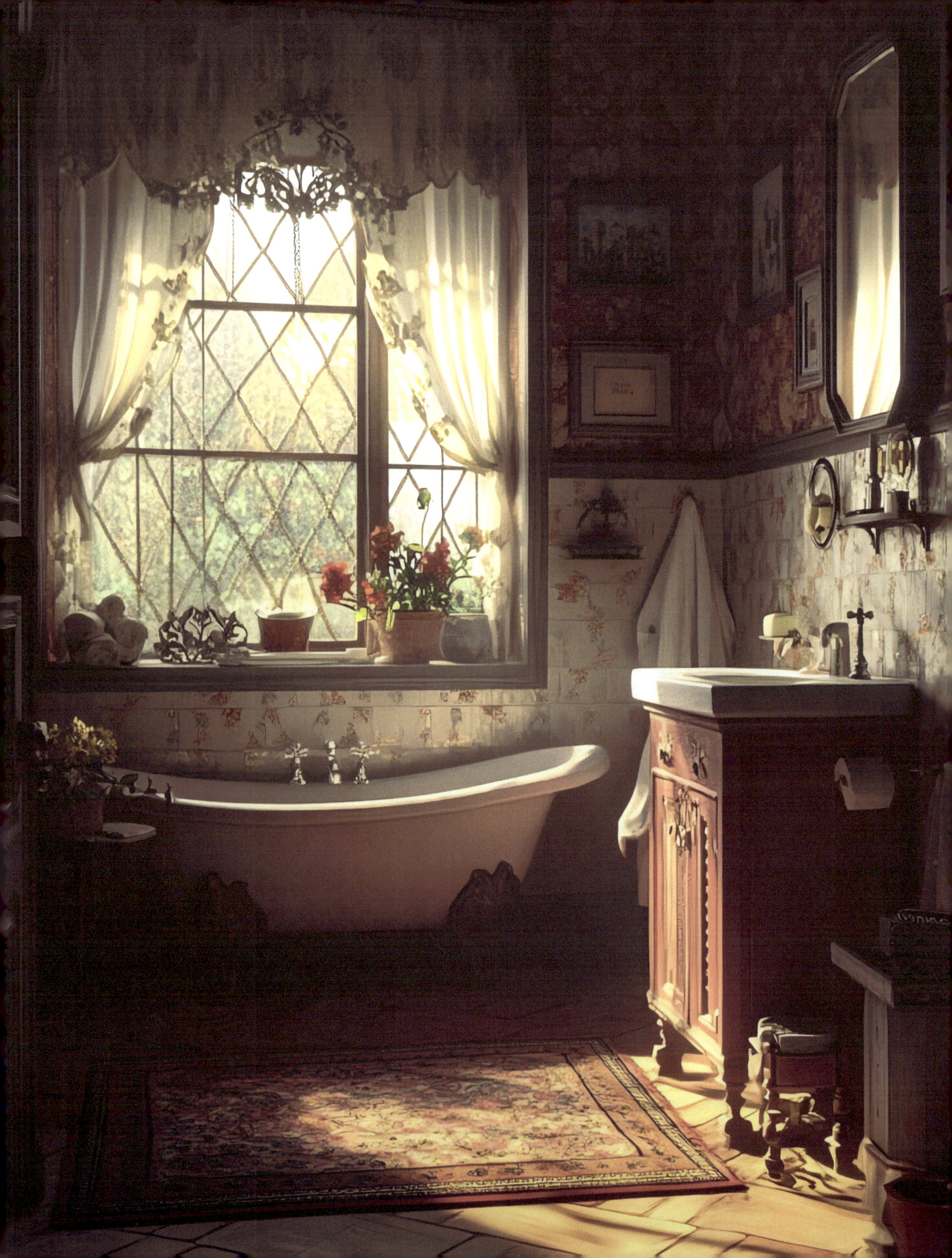

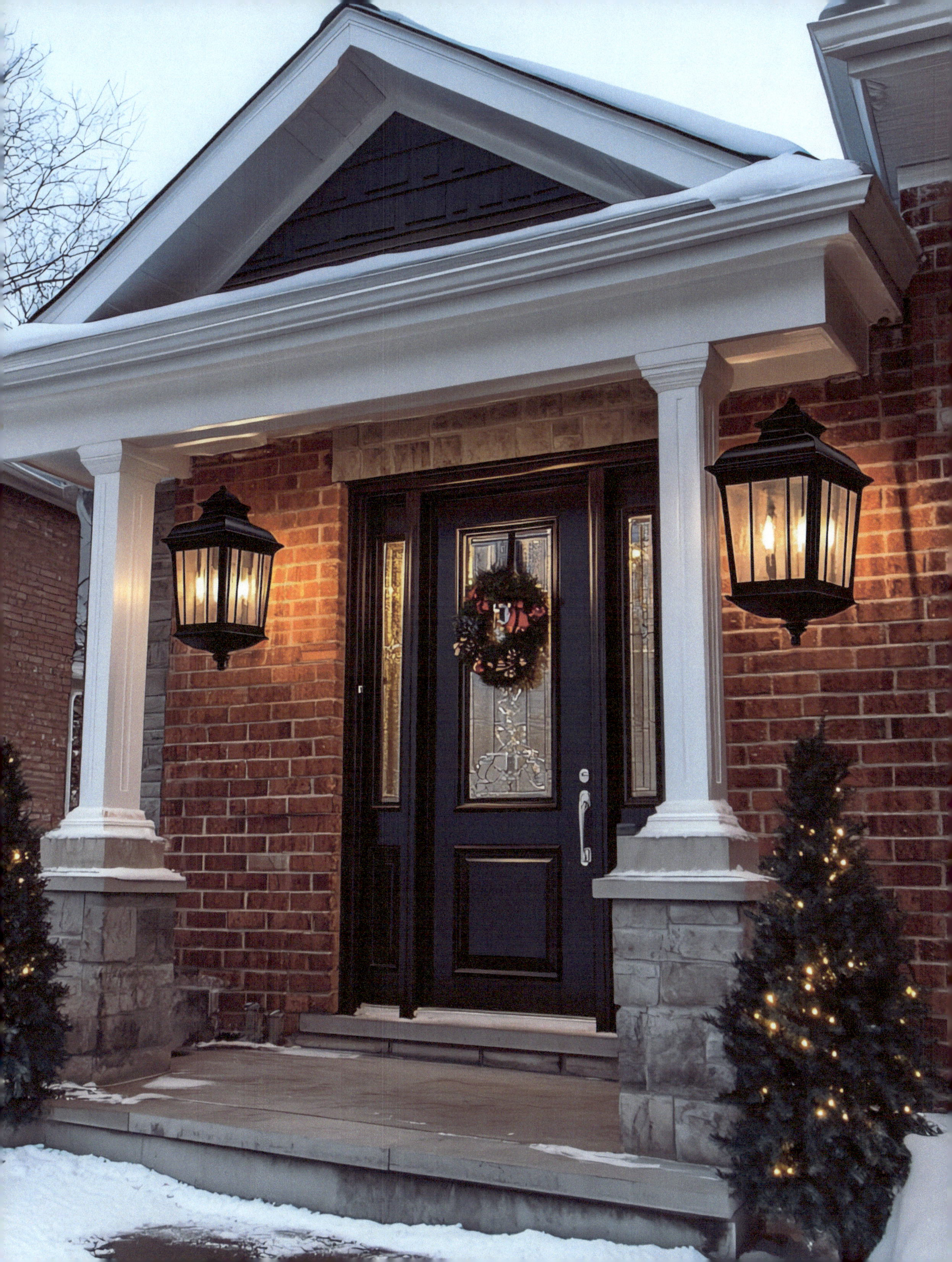

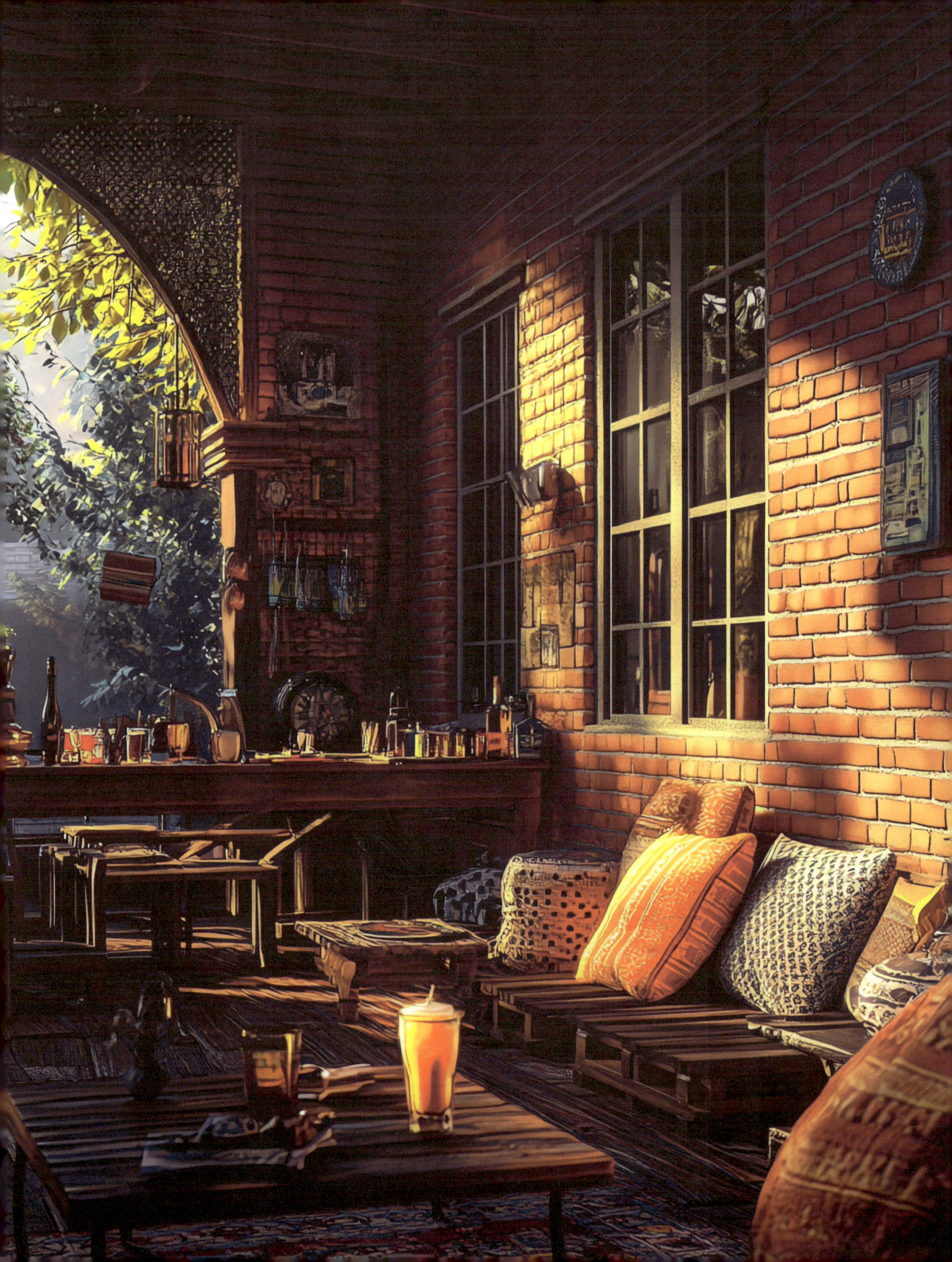

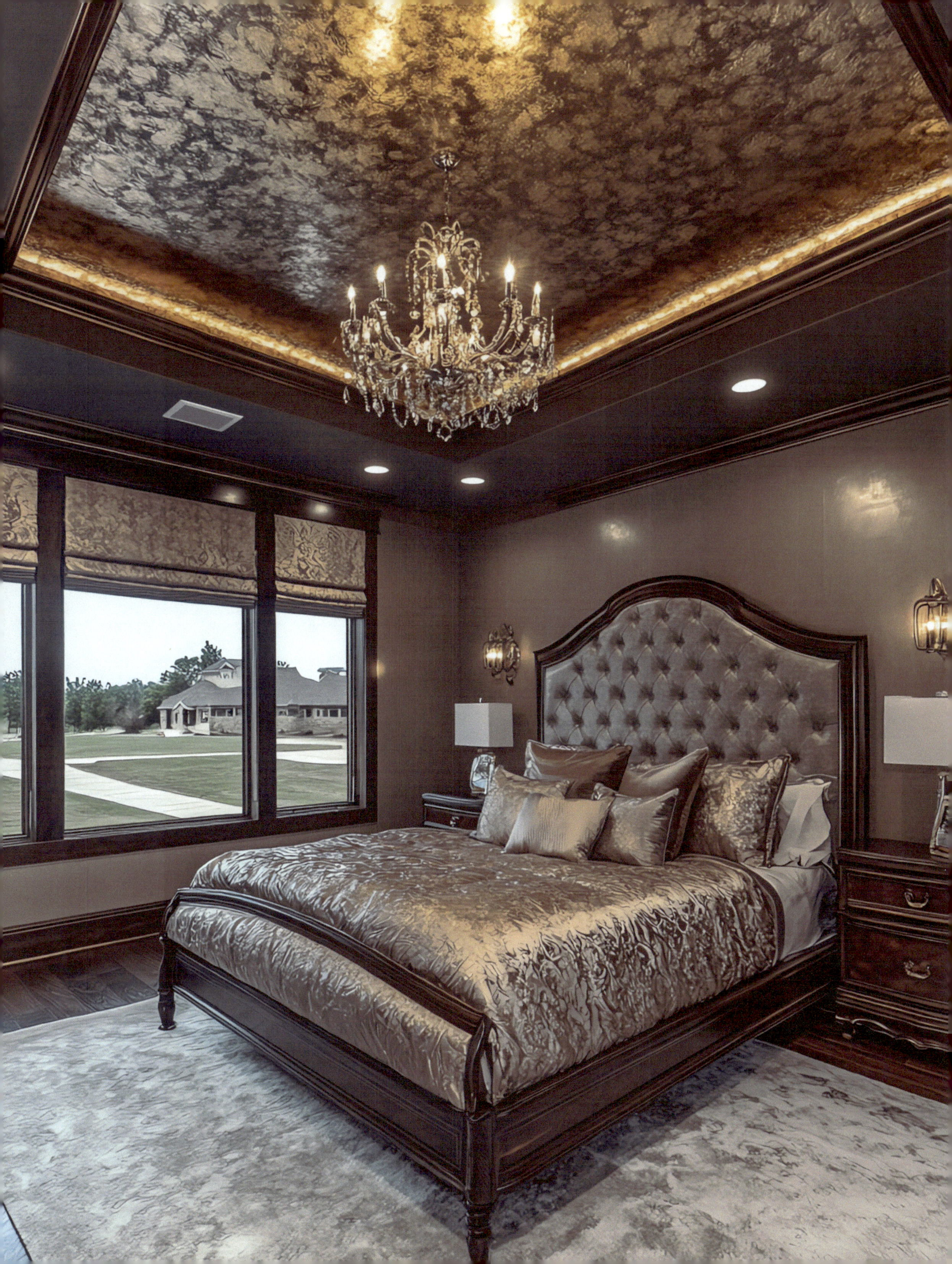

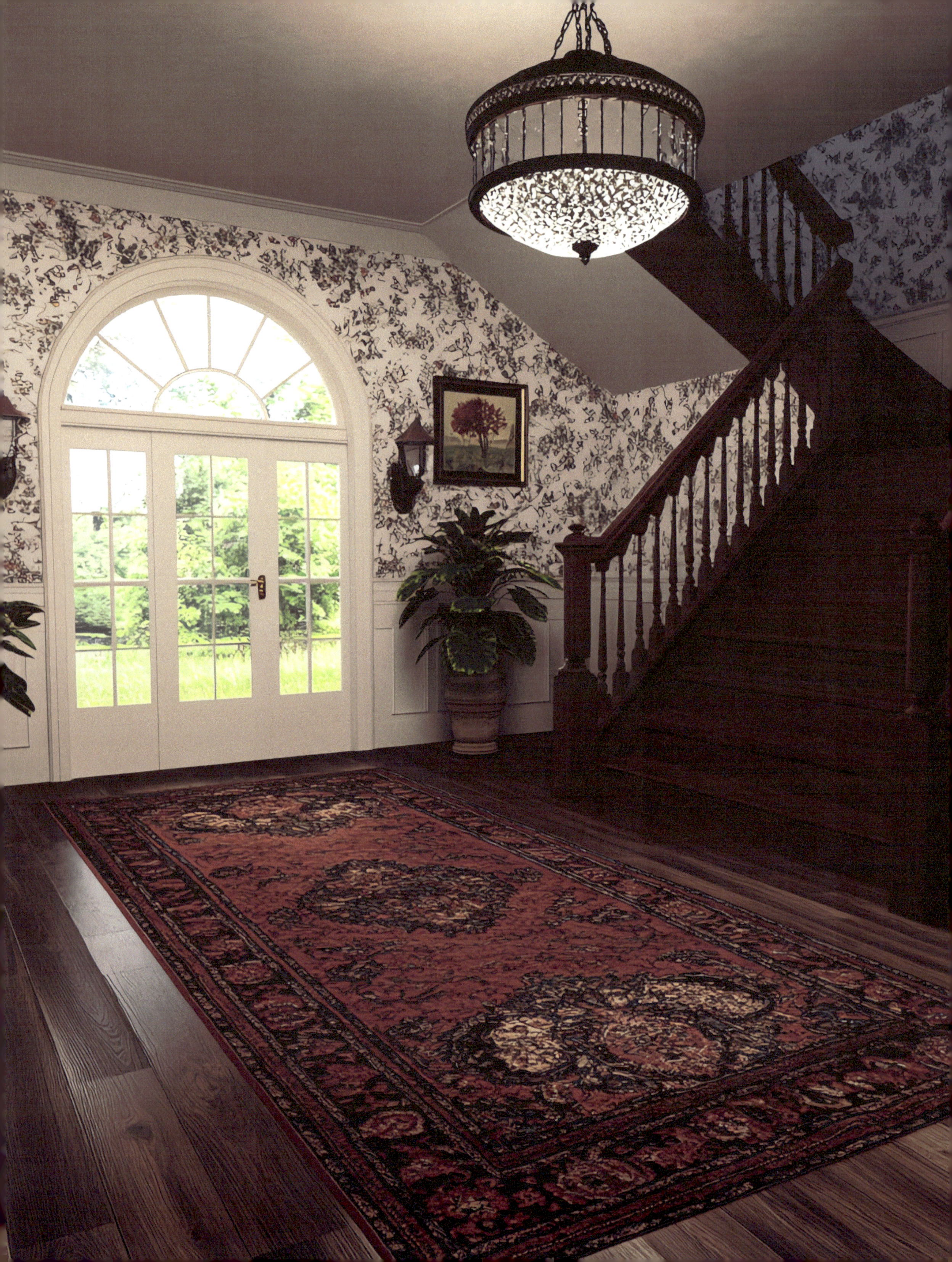

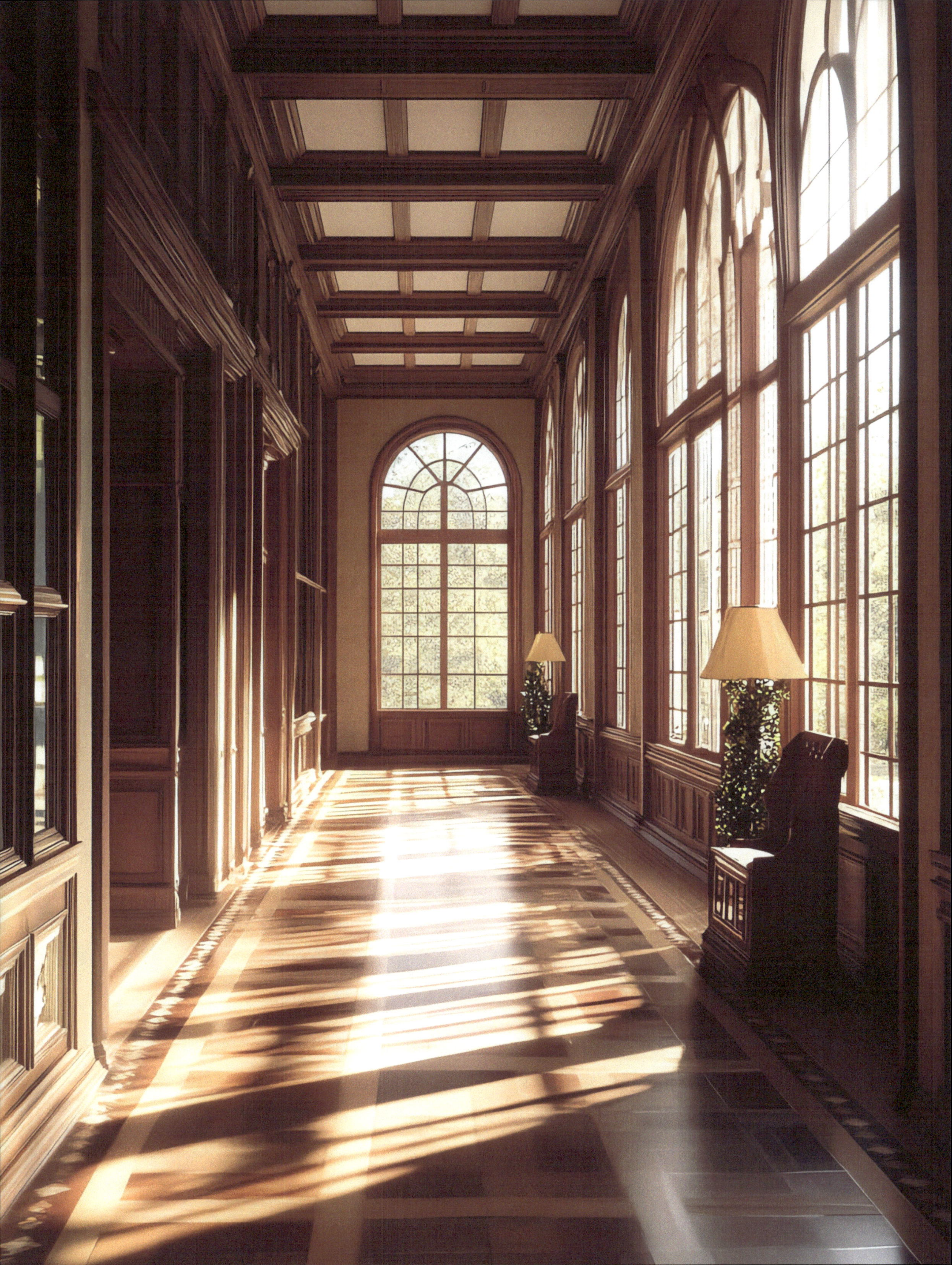

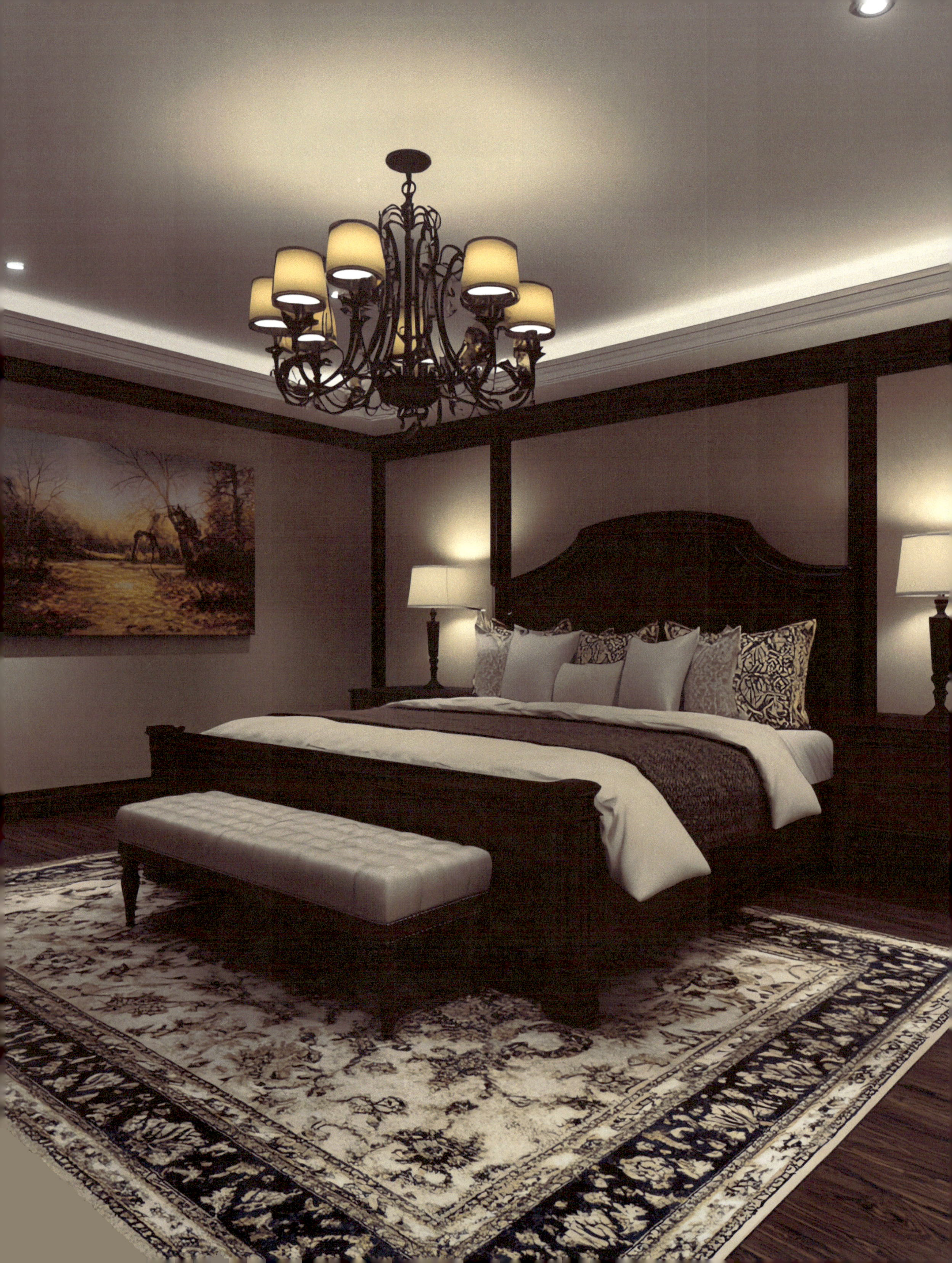